第一與唯一

跨國總裁的16堂人生課

孔毅 Roger I. Kung ———— 著

孔毅，Roger I. Kung，上海出生，台灣長大，現為美籍華人。曾任摩托羅拉（Motorola）總公司資深副總裁兼個人通訊事業部亞太區總裁、英特爾（Intel）經理人與領導者的角色，擁有三十多年實戰與管理經驗。

一九九一至一九九四年，擔任摩托羅拉半導體 FSRAM 事業部全球總經理時，帶領事業部由全球市占率第六名成為全球第一名；一九九五年至二〇〇二年，擔任摩托羅拉通訊事業部亞洲總裁時，帶領團隊在亞洲贏得手機市場第一品牌領導地位，該業務收益也從二億美元提升到四十億美元。

英特爾授予他「iRAM 之父」稱號、摩托羅拉稱他「手機中文化之父」，Linuxdevice.com 則稱他為「Linux 智能手機之父」，以及「交大傑出校友」。個人科技成就有：九項全球專利、超過三十篇論文發表，並獲「最佳產品設計獎」（*Electronics*, 1983）、「最佳論文獎」（IEEE, 1986）；專業成就享譽國際。

二〇〇三年在上海創立上海毅仁（E28）信息科技有限公司。二〇一三年以後分別成立「璀尼西企業管理諮詢公司」、「E28 領導力學院」，希望成為社會貢獻者，從事「影響有影響力的職場領導者」的培訓及諮詢工作；為基督徒企業家。著有《贏在扭轉力》（啟示）。

謹將此書獻給

我的妻子慶珊
謝謝妳一直與我同甘共苦

女兒繁婷（Julia）和兒子繁德（Jeffrey）
謝謝你們完全了我的人生

孫女祥恩（Liza）、外孫祥和（Arthur）、孫子祥安（Benjamin）
謝謝你們帶給我許多意想不到的歡樂

Content
·····················

〈專文推薦〉**以生命帶領生活，尋求神的命定** 李文機　007

〈專文推薦〉**讓你一生蒙恩的良師益友** 倪文海　011

〈專文推薦〉**為主發揮屬靈的影響力** 寇紹恩　014

〈專文推薦〉**獻給正在尋找人生定位的你** 張泰然　017

〈專文推薦〉**一本整合信仰、工作與人生的傑作** 曹松＆傅慶農　021

〈前言〉**說出內心的渴求與信仰**　025

〈序章〉**幸福的人生，是第一與唯一的人生**　028

Part 1　情感需求──人格篇
033

1 人際關係：愛情與愛心　034
　愛心，讓你打造生活中的好關係

2 群體關係：良知與良心　051
　道德律是社會和諧的根基

3 人神關係：相信與堅信　064
　用信心來顛覆世界的排序

4 卓越關係：第一與唯一　080
　跟隨熱情，活出個人的獨特性

Part 2 智識需求──求知篇   101

1 思考層面：知識與技能   102
改變學習方式，讓工作無往不利

2 個人層面：俗乎與聖乎   120
在工作中經歷神、榮耀神，並找到人生的命定

3 教會層面：成功與成就   137
信仰和工作的關係

4 使命層面：信仰與工作   151
活出見證就是最有力的宣教

Part 3 身心需求──載體篇   169

1 謙卑順服：相對與絕對   170
以謙卑態度對應驕傲的世代

2 內心平安：動力與靜力   186
動力加靜力，畫出精彩生命軌跡

3 知足常樂：想要與需要   202
釐清想要與需要，體驗知足常樂

4 苦難結晶：順境與逆境   217
你的苦難結晶，是他人的生命寶石

Part 4 　**靈命需求——屬靈篇**　　　　233

1 存在歸屬：價錢與價值　　　　234
從意義中發現自我價值

2 使命歸屬：影像與真光　　　　247
依循真光，找出受造的目的

3 身分歸屬：自我與真我　　　　265
每個人都是造物主眼中的唯一

4 幸福歸屬：生活與生命　　　　284
以神為中心，邁向天人合一

〈專文推薦〉

以生命帶領生活，尋求神的命定

李文機

很早就聽過孔毅弟兄的名字，但真正見面認識是三年前的事了。一位當時在上海工作的姊妹介紹孔毅弟兄認識「華人創業協會」並邀請他來波士頓培訓。他講到「獨立思考」的題目讓我們耳目一新，教課的內容及臨場練習都非常實用，與以往學過的教法很不一樣。感謝神賜給我們一位有同樣負擔及異象的弟兄，華人創業協會此後就開始與孔毅弟兄同工做職場宣教的培訓工作。

在與孔毅弟兄三年多的接觸中，知道他曾擔任過 Motorola 亞太地區總裁，隨後自己出來創業，經過十年的艱苦磨練終能功成身退，全職做職場培訓事工。他的經驗豐富且為人謙卑，波士頓隨後也成為孔毅弟兄職場事工的一個重要據點，很多在職的弟兄姊妹從他的授課及輔導裡得到許多幫助。職場其實是一塊廣大的未得之地，很少華人教會或宣教機構注意到這個事工，也不知如何著手。孔毅弟兄看到這個需要，不止是馬不停蹄地親身授課、一對一的個案輔導，也把他一生的工作及服事經驗寫成書來幫助基督徒。

他的第一本書《贏在扭轉力》在 2015 年出版，著重在工作層面，教導職場的人如何善用五力（眼力、魅力、動力、魄力、德力）及鍛鍊高的 XQ（變商），幫助我們在人生每一個

關鍵時刻（拐點）做對的決定，最後能完全服膺神的命定而利他。這本書洛陽紙貴，深受大家的歡迎。《第一與唯一》是孔毅弟兄的第二本書，著重在基督徒生命成長，以生命帶領生活。是把他幾十年生活裡，挫敗、摸索、禱告、思考、整合、再出發的實際生命成長經歷整理出來的精華，是一本容易應用在我們日常生活中的書。

他從人生四大需求——情感需求、智識需求、身心需求、靈命需求——作探討起點，再以四個人生層次——奮鬥、成功、意義、服膺——作詳細的解剖分析，點出我們的問題及盲點，如何校正自己的人生道路回歸神的命定，最終達到「生活即事奉、事奉即生活」的天人合一境界。

我自己過去在教會裡也教「作主聰明管家」及「目標導向的基督徒生活」主日學課程，但報名上課的人不多，為此常常在想，為什麼「人生的目標」這麼重要的一個議題卻很少人有興趣去思考，而且用心去尋找並在生活中活出來。慢慢發現到問題在於：(1) 不去想、(2) 想錯了、(3) 想到了但做不到。很多人（包括我自己在內）都經驗過這樣的挫折——自己以為知道了，其實並不知道、想通了但行不出來。我們需要一個正確思維的方法及在日常生活中可行的步驟，再加上有經驗人的輔導。這些在《第一與唯一》書中都提供了。

今日多半的基督徒有一個通病就是：神學知識懂很多，喜歡聽名講員的道，但行不出來，跟隨人勝於跟隨神，所信的與生活接不上，導致工作遇到困難時不知如何解決，職涯碰到瓶頸時不知如何突破，生活軟弱無見證，福音也就很難傳出去了。

　　大部分的華人教會牧者畢業於神學院，無職場經驗，對信友的職場工作難處也愛莫能助，只能在禱告中記念罷了。而華人教會主日學的內容大部分也是在講解聖經和神學知識的傳授，信徒的靈命軟弱枯乾，無力支撐工作的壓力與生活的挑戰。信徒在教會牆裡頭過著所謂「屬靈」的生活，在教會牆外頭過著所謂「屬世」的生活。認為工作是屬世的，在教會裡作的事才是真服事，二分論的結果造成了基督徒過著雙重人格的生活，屬靈知識懂很多但生活無力。結果也帶來福音只在教會的牆裡頭傳，頂多差派或財物支持幾位全時間宣教士出去，會眾還是留在牆內的舒適區不食人間煙火。

　　當今人類已經從後現代主義時期進入自由主義時期的階段，科技發達、資訊發達、思想開放自由、自我中心、認為人定勝天，用 CRISPR 基因修改技術即可改變胎兒的基因，生自己想要的小孩指日可待；一（手）機在手，從雲端落地就可掌控自己的一切，不需要神，也不承認神的存在。八〇、九〇後的年輕一代（Y 世代）更是迷失在這高科技、享樂生活的時代中。當人離神越來越遠時，這個世代就越墮落，人類正面臨著一個極大的危機而不自知。教會及基督徒對這危機瞭解多少？傳統的傳福音方式已經很難打動這一代的年輕人了，我們當針對這時代的需要，即時調整傳福音的策略及方法才是正途。孔毅弟兄對後現代主義的危機及如何應對在《第一與唯一》裡都有獨到的看見及分析。以職場為切入點，向年輕一代傳福音會有極大的果效。

　　我非常喜歡《第一與唯一》這本書，不講神學深奧艱澀的

道理，用簡單一般人能懂的話教我們明白聖經的基本真理，思考人生意義，如何尋求神的命定，如何將聖經的話落實到我們的生命裡、工作上及生活中。

這是一本非常好的基本造就與門徒訓練的教材，裡面也有很多實用的福音材料。照著書中的教導，多多操練，一步一步去實行，生命會改變，工作榮耀神，生活品質也會大大提升。它也是一本職場事工必備手冊，對在職場宣道會遇到的問題及應對策略，如何做有效的個別輔導都有詳細的解說。讀一遍是不夠的，需要隨時看隨時用，才能熟能生巧，運用自如。

人生短暫，瞬間即逝，若不把握時間，瞭解人生的意義與目的，從生活中活出神對你的命定，把寶貴的生命白白虛度了，實屬可惜，也愧對神的恩典。盼望神藉著這本書在你的生命裡、生活中做改變的工作，為祂在世上作鹽發光。

（本文作者為「華人創業協會」主席；該會為一非營利基督教職場宣道機構，網址 www.ceaa.org）

〈專文推薦〉

讓你一生蒙恩的良師益友

倪文海

孔毅先生是前摩托羅拉亞太區總裁，在他的領導之下，摩托羅拉公司手機部在中國大陸和臺灣地區取得了市場占有率第一的驕人成就。之後，孔先生在 2002 年底創立了 E28，從事基於 Linux 系統的智慧手機研發及設計。他是智慧型手機領域的先驅者和佼佼者。目前中國許多的手機公司的老總也都是他的徒子徒孫。

對我個人來說，孔先生是尊貴的。《論語‧季氏》道：「益者三友，損者三友。友直、友諒、友多聞，益矣；友便辟、友善柔、友便佞，損矣。」我要說的是，孔先生是我的良師益友。可以說他是職場人的牧者，痛苦人的安慰者。我是非常有幸，在初創我們公司的路程上，有他的指點和陪伴。他的許多教導是在真實生活中提煉出來的。每當我有困難和挑戰時，每當我覺得路走不過去時，我就會想到他。他的榜樣激勵我們前行。

孔先生又是我遇見的一位非常講智慧、講策略的導師。不要以為他所講的只有基督徒才受益，才能聽得懂。其實他的經歷和為人已經向世人顯明他是一位非常敬業、有膽識、又非常成功的企業家。我真得坦誠，與他認識，聽他的講座，讓人一生受益。我來引述幾句孔先生的經典語錄：

——如果一滴水落在湖裡，它就失去了身分，但是它如果

落在一片荷花葉子上面，就能像一顆珍珠一樣發出光輝。我們需要選擇合適的位置，發出光來。

——你可以想一想避雷針的原理，一根尖尖的避雷針，是非常微乎其微的一根金屬線，卻能卸去巨大的能量。

——在創業的道路上，需要一個一個的貴人相助，他們可以是你的客戶，也可以是你的投資合作夥伴，帶你一步一步地邁向成功。

我也好奇，是否因為他姓孔，從小的成長過程當中就開始注意智慧在生活和工作中的應用。他常常提孔子的名言：「學而不思則罔，思而不學則殆」；又有「知之者不如好之者，好之者不如樂之者」。他的講座案例裡面也有諸葛孔明現代版的「草船借箭」，經他的口徐徐道來，就是現代人創新創業的理念案例。

我第一次去見孔先生，應該是在 2008 年，是張泰然牧師介紹我去的。我當時有一點忐忑不安，加上孔先生有那麼多的「之父」，我就更加擔心，人家不接待我怎麼辦。我那時剛剛在想著創業。見到孔先生，他是非常熱情地接待我的。後來我的公司迦美信芯在創業選擇研發題目時，孔先生就說：「要選擇你熟悉的、精通的題材，在一個小的領域做到唯一，再做到第一」。也因為這些原則，加上孔先生一路的陪伴，迦美信芯受益非淺。我在 2011 年入選上海市的浦江人才計畫，在 2012 年 3 月入選了中央組織部的「千人計畫」領軍人才，這是為引進海外高層次人才所設立的最高榮譽稱號。我們也在 2013 年 11 月，在第二屆創新創業大賽中，從一萬家企業當中脫穎而出，

榮獲大賽的第三名。

　　回看這過去的幾年，孔先生對我和迦美信芯的幫助，我以自己親身的經歷語重心長地推薦各位，盡力並叫上您關心的朋友，參加孔先生的課程和講座、閱讀孔先生的書；願你們也與我一樣，認識他，感悟其所講所說，讓我們一生受益，一生蒙恩。

（本文作者為上海迦美信芯通訊技術有限公司董事長兼技術長）

〈專文推薦〉

為主發揮屬靈的影響力

寇紹恩

你們是世上的鹽，鹽若失了味，怎能叫它再鹹呢？……
你們是世上的光……人點燈，不放在斗底下，
是放在燈臺上……
你們的光也當這樣照在人前，叫他們看見你們的好行為，
便將榮耀歸給你們在天上的父。
──〈馬太福音〉5:13-16

上帝對人有一個深深的期許──
成為這世代的「鹽」和「光」！
有「鹽」，腐敗就會少一點，
有「光」，黑暗也會少一點！
天父要我們成為有影響力的人！
有影響力就會帶來改變，
……湯裡加了鹽，味道自然不一樣，
這就是影響力！
「影響力」未必與職務、地位有關，
那樣的影響，下了班、離了職，
也就消失了！
另一種「影響力」，

持續深遠，潛移默化，

那是生命影響生命，

上帝期待基督徒有「生命的影響力」！

這樣的能力從神而來，

即便平凡如瓦器，

卻因主的靈在我裡面，

就能發揮「屬靈的影響力」！

然而，

非常多的基督徒，

卻像失了味的鹽，

放再多，還是淡而無味，

讓周遭毫無改變！

為什麼會這樣呢？

聖經說：人點燈，不能放在斗底下！

光，都被斗罩住，

一點也透不出來！

「教會」會不會也是一個「斗」呢？

牆內，火熱，

牆外，冷漠，

於是，毫無影響力！

天父不要我們成為這樣的人！

孔毅弟兄是位生命充滿影響力的人，

在職場上如是，

在生活裡如是，

在服事裡亦如是，

為我屬靈的兄長感恩！

如今，

他將數十年來，

在職場、生活、服事中，

所累積的許多豐富，

一一整理、記錄下來，

與您分享！

我深信：

孔哥的心是期待——

更多的基督徒都能「為主發揮屬靈的影響力」！

不只在教會裡，

更在社會上，

是有味道的鹽，

是燈臺上的光，

正如主的心！

你們當以基督耶穌的心為心。

——〈腓立比書〉2:5

（本文作者為台北基督之家主任牧師）

〈專文推薦〉

獻給正在尋找人生定位的你

張泰然

《第一與唯一》一書，是在普世價值體系混亂中，幫你找到「人生定位」和「智慧人生」的最佳指南。

當我們知道要去的目的地，是陌生沒有去過的地方，對路況不熟、方向感不好的人，除了有傳統的地圖，現在還可以選擇運用「全球定位系統」（GPS），引導我們不斷地校對和修正前進的路線，幫助我們減少時間、金錢物資與精神情緒的損耗。孔毅先生的這本新書《第一與唯一》不只是「地圖」，幫助我們探討和找到「生命的終極意義與價值在哪裡」，還有更大的功能如同 GPS 一樣，是啟發和引導我們可以一步一步對焦人生方向的最佳工具。雖然是從基督徒的角度出發，但是我認為此書適用於任何在普世價值體系混亂中，正在找「人生定位」和「智慧人生」的真理追尋者的最佳指南。

我們夫妻是在上海服事從海外被派到大陸的高階經理人、台商與大陸歸國學人（俗稱海歸）的時期，藉著我們的好友羅海鵬傳道認識了孔毅先生。知道他有許多在國際上傲人的頭銜：半導體龍頭的英特爾公司授予他「i RAM 之父」的稱號；當時手機通訊業市占第一的摩托羅拉公司稱他為「手機中文化之父」；開放智慧平台的 Linux 也稱他為「Linux 智能手機之父」。在十年近距離的交往過程中，對他的認識可說是：為

人溫文儒雅、待人謙和；處事則堅定信念、充滿智慧；個性穩如磐石，卻又虛懷若谷。是一位完全沒有架子，器宇非凡的長者。

當時他集合了世界上在半導體和通訊方面一流的人才與充裕的資金，成立了業界最早研發智慧型手機的公司之一。但是因為網路科技還不發達，又面對製造商和電信營運商等等的諸多難題，在時機不成熟的情境下，從雲端掉落地面，歷經了多次的失敗與挫折。

在同時，我們也看到了信仰帶給他的力量，讓他在金融海嘯造成人力和財力變動的驚濤駭浪中，仍穩穩地站立在真理的磐石上。在那段艱困時期，許多的公司或個人，都一蹶不振。但是他在研讀聖經中，得到極大的智慧。並且在壓力和重擔下，因為信靠耶穌成為他的力量與幫助。我們夫妻幫不上忙，只能每週邀請孔哥來家中餐敘，藉著禱告，彼此相互支持與鼓勵。感謝主！因為他的堅持不懈、勇於擔當，使公司轉危為安，最後以最優渥的條件被世界最大的互聯網公司併購，他自己無私的、為他的員工爭取到最大的利益。

雖然，他擁有的是自己的企業，但是他從來沒有在辦公室或在上班時間作查經和傳教的事。他所謂的職場宣教，是把耶穌的慈愛和誠實、信實和公義，具體的在工作和經營企業中實踐出來。剛開始，他的員工對他在中國創業抱持堅持真理、信守承諾的作為，覺得不可思議、不以為然。到最後他周圍的高階經理人，都各自想要瞭解信仰帶給他的力量，並且也相信了他所信靠的耶穌基督。

　　就算在他的公司面臨危急存亡之時，他仍然到我們服務多年、有一萬多名員工的國際公司，分別對高階經理人和年輕工程師（很多是北大、清華、交大和復旦畢業），做系統性的職場專題演講。特別幫助職場年輕的精英，在一開始工作就有正確的態度與高度；我們也在上海和台北先後辦了幾場 CEO 營會。

　　孔哥功成身退回到美國後，領受了人生下半場做社會貢獻者和職場傳承者的使命。有感於基督徒在職場宣教的重要性，多次回台舉辦了系列講座，並與《基督教論壇報》的鄭忠信執行長合辦了二次科技微論壇。一方面分享他對未來世代前瞻性的創見；一方面希望有更多華人在高科技、生化、創投等領域的職場先進們，一同策畫如何以職場上的專業來傳揚福音，在工作中榮耀神。

　　近年來他多次應邀在政治大學的 EMBA 授課，也在上海的中歐管理學院做專題演講。將他的人生智慧和職場經驗，傳承給更多的職場人士，希望生命影響生命，影響更多具有影響力的人。2015 年 12 月孔哥出版了第一本關於職場經驗傳承的《贏在扭轉力》一書，接著成立「國際扭轉力學院」，每年三次巡迴在美國的波士頓、休士頓、聖荷西；中國的北京、上海；台灣的新竹、台北等地，幫助各地華人運用「扭轉五力」，在職場上創新突破、超越巔峰，躋身於國際企業之列，成為動見觀瞻的世界精英。

　　您正在看的這本《第一與唯一》，是孔哥將他全人發展的人生智慧，從四個層面：情感、智識、身體、靈命，傳承給正

在尋找人生定位的你。因為在創造天地的神的眼中，「**你是第一也是唯一**」，你配得、也值得擁有並且實踐這本書中的生命價值。

（本文作者為三一全人教會暨三一全人發展協會牧師）

〈專文推薦〉
一本整合信仰、工作與人生的傑作

曹松&傅慶農

　　在這個世界上，基督徒常常面臨很多挑戰，從事職場工作的基督徒面臨的重大挑戰之一是信仰和工作的關係。如何根據聖經的教導，清楚地明白和處理信仰和工作的關係，將直接影響到我們的人生。聖經告訴我們，工作是神造人並賜給人美好心意的一部分，我們領受不同的呼召和恩賜，用工作和生活來事奉神。「聖俗二分」（即工作和信仰沒有關係）的錯誤觀念，已經滲透到很多教會的教導和活動中，這種錯誤觀念認為，與教會（教堂）有關的活動是屬神的，其他教會（教堂）以外的活動，諸如職場的工作，則不是屬神的。因而基督徒把大量時間花在職場的工作上，是沒有什麼屬靈價值的，是「世俗」的工作，從事商業活動的基督徒更是「不屬靈」，是「拜瑪門」。

　　這種「聖俗二分」的觀念不僅嚴重影響到職場基督徒的工作和人生，也對推動神國全體子民參與普世宣教事工造成傷害，很多基督徒錯誤的認為普世宣教和大使命等有關事工主要是教會牧師，傳道人和宣教士的工作。然而聖經的確教導我們，神要求我們在我們的工作和生活中活出我們的信仰（Living Out Our Faith），在日常生活工作的每一個場合或環境，通過言語、行為、做人和做事，為主做見證。在這個末世時代，神在呼召大批職場基督徒成為國度專業人士（Kingdom

Professionals），積極參與普世宣教，並興起一批大使命公司（Great Commission Companies），進入到那些不向傳統宣教方式開放的國家和地區去宣教。

我們「國際華人基督徒商業協會」是一群在商界的華人基督徒所組成的職場和商場事工服務平臺。在過去多年的服侍中，我們一直渴望有一些適合職場基督徒裝備和培訓的教材和書籍。感謝神的帶領，在過去的兩年多時間，我們同孔老師相識，密切交流，多次彼此配搭服侍，包括職場培訓、生命課程、峰會主題演講，以及一對一輔導等事工活動。孔老師不僅已經成為我們職場事工的良師益友，同時也是我們職場事工的國度夥伴。

孔老師有著完整的職場經歷，從一位基層技術員工做起，從專業人士轉為經理人和領導人，最後成為企業家，歷任經理、總經理、總裁、董事長；他不但有在美國的豐富工作經驗，還有在亞洲和中國的崢嶸歲月，他不但在國際大公司任高管，還經歷了創業的甜酸苦辣，他有過輝煌的業績和成就，也有過多次慘痛的失敗。這些使他真正瞭解職場商界的挑戰、誘惑、黑暗和持守真理的艱難。感謝主，孔老師在早年重生得救，生命不斷成長、成熟，特別是他經歷了職場輝煌和創業屢次慘敗中，在神面前徹底降服，靈命更新，鑽研聖經，明白神的呼召，找到人生的命定，從在工作中榮耀神，到全時間奉獻給神，在職場宣教和造就職場門徒事工服侍神。

孔老師常說：許多職場上的問題，其實是生命的問題。要在工作榮耀神，就要從生命開始。《第一與唯一》就是要讓我

們扎根神的話語，明白神對我們的呼召，為神而工作、為神而活。這本書通過以神為中心的思想體系，全面剖析信仰和工作的關係，以嚴謹的態度，準確地理解聖經的經文，用鮮明的觀點和活潑的事例，來討論和解答職場基督徒面臨的各種問題。

書中很多見證介紹了一位職場基督徒的心歷路程，分享了獨特的感悟和看見，同時系統地介紹和整合了古今中外屬靈的智慧。本書深入淺出融匯貫通，值得通讀，會幫助職場基督徒建立整全人生框架，活出命定。

我們真誠推薦《第一與唯一》這本書，這本書是幫助華人職場基督徒明白有關信仰、工作、人生的傑作，不僅僅是職場基督徒人手一本的好書，也是非基督徒的職場人士應當閱讀的好書，因為我們每個人都要明白我們生命的意義在哪裡，如何有個美好的人生。

孔老師的兩本書《贏在扭轉力》和《第一與唯一》以及與這兩本書配套的裝備和培訓課程將是相互連結，交互使用的職場事工教材。《第一與唯一》是從生命角度幫助建立我們與神的關係和人生的命定；《贏在扭轉力》是從職場的角度幫助我們把工作做好，活出榮神益人的見證。《第一與唯一》如頭，《贏在扭轉力》如身體，兩者相輔相成。我們「國際華人基督徒商業協會」計畫將這兩本書作為我們職場事工的主要教材，幫助各地教會的職場事工中心、職場和工商團契，以及職場讀書會等機構和組織，裝備和培訓職場基督徒明白神的呼召，活出命定，在職場做那榮神益人的美好見證，在普世宣教的工廠成為神國的精兵。

　　我們衷心感謝孔老師為職場基督徒揭示了幸福人生的藍圖，也衷心祝願職場基督徒因著這本《第一與唯一》，明白神的呼召，活出你的命定，活出你的幸福人生。

（本文作者曹松為「國際華人基督徒商業協會」理事長、傅慶農為會長）

〈前言〉

說出內心的渴求與信仰

　　你是否曾經有過這樣的經驗？在某個不成眠的深夜裡，或步向陽台，或行至戶外，當你望向浩瀚星空中的那顆最亮的北極星時，心頭浮現了類似的探問：「我是從何而來？這一生又該往哪裡去？什麼是我人生的目的？什麼才是我最終極的存在意義？……」

　　我問過自己這些問題，而且不只一次。特別是，當我的人生因為職場困頓而陷入靈魂暗夜時，來自內心深處的探問聲音，總顯得特別清晰，讓人難以迴避。但同時我也發現到了，愈是靈魂暗夜的時刻，心中的那顆北極星便愈明亮，指引我前進的方向，終至突破重圍，迎來下一道曙光。

　　我心中的那顆「北極星」是什麼？表明之前，我先說一個在《贏在扭轉力》提過的有關北極星故事。

　　據傳，撒哈拉沙漠的某個村莊村民，數百年來之所以不和外界聯繫，是因為從來都沒有人可以順利走出這個僅次於南極和北極的世界第三荒漠。也就是說，無論村民們花了多少時間、走了多少路，最終都還是會回到村莊裡。

　　一位西方探險家得知後，決定做個實驗，刻意收起身上的指南針，雇用當地的年輕人來帶路。結果一如先前，出發半個月後，兩人走了上千公里，最後還是回到位於沙漠中央的小村莊。

為了協助村民們走出困境，探險家趁著夜裡，指著遠方最閃亮的那顆北極星，教導那位青年如何在繁星當中辨識出北極星，並藉其指引穿越沙漠，以便與外界接軌。

在探險家的提點之下，不過幾天的時間，這位年輕人就順利率領其他村民走出沙漠，透過這條對外聯繫渠道的開拓，也讓貧窮的小村莊開始蓬勃起來。後人為了感念那位年輕人，還為他豎立銅像，並且在上頭寫著：「**新生活從選定目標開始。**」

藉由這個故事我想傳達的是，身處在茫茫的人生大海中，很多時候，我們的景況就如同困在撒哈拉沙漠的那些村民，愈是想用自己的方式主宰人生，結果就愈是不得要領。怎麼做才能像後來的村民們一樣迎來新生活？關鍵在於，先找到自己心目中的那顆北極星。

故事中，北極星象徵著目標，帶領村民走出生活困境；**在個人的生命脈絡中，我心中那顆北極星則是神。**其實每個人都一樣，唯有透過神的帶領，方能發現起初的受造目的，進而活出天命、創造生存意義。

活出有意義的生命，是每個人內在的「靈性渴求」，這樣的渴求又有賴於個人在「生活層面」中的逐一體現。如何平衡這兩者，借用我在《贏在扭轉力》提過的「兩滴油的比喻」。

那個故事簡言之：有個年輕人在富裕卻心靈空虛的父親請託下，費盡千辛萬苦抵達一位智者所在的城堡，並向其請益「幸福之道」。

智者沒有直接告訴這位年輕人什麼大道理，只是要他拿著一根盛著油的湯匙到城堡走走看看，而且千萬不能把油灑到

地上。年輕人照做了，但走完城堡一圈，智者問他看到些什麼時，他卻一句話也答不上來，因為遊歷城堡的過程中，他的焦點全在那根湯匙上的油。

「沒關係，你拿著盛著油的湯匙再逛城堡一圈，這次可要仔細欣賞城堡的內觀！」因著智者特別交代，年輕男子這次果真緊盯著城堡裡的一景一物，只不過逛完城堡，手中湯匙的油也一滴不剩。

這時智者告訴這位年輕人說：「**追求人生的幸福之道，就好像你今天一邊拿著湯匙一邊遊歷城堡，在盡情欣賞美麗景致的同時，也要小心別灑了湯匙中那些珍貴的油。**」我想藉著這個故事強調的是，人在享受生活幸福（遊歷城堡）的同時，也不要忽略了靈命的追求（湯匙中的油）。

通常我在一對一的輔導結束之前，我都會用一些信心偉人的故事來激勵學員，曾經有不少人回應說，雖然這些故事很有啟發性，但他們不是亞伯拉罕、約瑟或摩西那一類的信心偉人。對此，我都會反過來提醒他們說：「是的，你不是這些人，但你所經歷的神卻和他們是同一位。」

在此舉這個例子是想提醒：我們常常會因為只用神學的視角來看待神跟聖經，而把神框住了，神比神學、宗教寬廣得多。實際上，信心偉人的正確定義，應該是一些能夠見證神偉大的平凡人，只是他們是用內心深處最感動的地方來講神，這就如同牛頓曾經說過：「天上的聖經是由我來講的」，這內心深處唯一的地方，就是我們的呼召及命定。所以，有時在分享信息時我會說：「我不確定我所說的一定是對的，但確是我現在

所相信的。」

　　我內心最大的感動及熱情，就是在信仰與工作之間建立一座橋樑。從某些角度來看，除了罪之外，聖與俗都屬於神，所以在認知真理的一致性原則下，要勇敢用你內心的感動和所專精的工作領域，來向人敘述神和傳講聖經，因為我們堅信的這位神是喜歡多元化的，祂本身亦是極富多元性的。

〈序章〉

幸福的人生，是第一與唯一的人生

　　這些年，透過「職場課程」、「人生講座」、「一對一輔導」，我更加瞭解，人們對**幸福**的渴求和滿足程度，是人生是否完善的重要衡量標準。然而，幸福感除了是一種「感受」，其實也是一種「心理狀態」。

　　就感受層面，我先用具體一點的比喻來表達：在看待人生時，若把負面情緒當作是「支出」，那麼正面情緒就是「收入」了；當正面情緒多於負面情緒時，我們在幸福感的這個財富上，就是盈利了；反之，就是虧損了。

　　情緒的正負高低，取決於我們的基本需求是否得到恰當的滿足，也就是說，幸福感的盈利或虧損，和我們的基本需求有關。神內建在我們人類身上特有的需求是什麼呢？我個人以為有四大方向：

1. **情感需求**（emotional needs）
2. **智識需求**（intellectual needs）
3. **身心需求**（physical needs）
4. **靈命需求**（spiritual needs）

至於在心理狀態層面理解幸福感，在每一個基本需求中，若從較低層次的幸福感到更高層次的幸福，則是關於我們滿足了：

1. **將成為什麼**（becoming somebody）── 你能**接納自**

己，內心有平安嗎？

2. **在做什麼**（doing something）—— 你能**超越自己**正在做的事嗎？

3. **擁有什麼**（having something）—— 你能提供所需，**善待自己**？

4. **你是什麼**（being somebody）—— 你知道自己是誰，找回真正的**自己**嗎？

我們每個人的「成為什麼」、「做什麼」、「有什麼」、「是什麼」都屬於神，神也關心我們對其中的認知和選擇。對我而言：

· 能接納自己，是滿足了**情感需求**，我們才有機會建構健全的人格；

· 能超越自己，讓自己的**智識需求**充分發揮，我們就可以成就一番事業；

· 能善待自己，讓**身心需求**得到撫慰，我們就可以有健康的身心；

· 能找回自己，就是讓生命找到歸屬，這是滿足**靈命需求**的重要關鍵。

《第一與唯一》就是在個人關切的「在做什麼」、「擁有什麼」（「第一」的命題）和「將成為什麼」、「你是什麼」（「唯一」的命題）這兩個層面提供生活過日的心態和選擇：在認知到自己「是什麼」、「將成為什麼」的基礎上，去經營神要我們的「該擁有什麼」、「該做什麼」；只有在唯一中我們方能做到第一。

在這樣的思考脈絡下，我以神內建在我們人類特有的需求為基礎，將本書分為四部：(一)情感需求：人格篇；(二)智識需求：求知篇；(三)身心需求：載體篇；(四)靈命需求：屬靈篇。每一篇底下又各有四篇文章細述相關內容。

為了讓讀者們更快地進入到相關主題，每一篇文章前面都會先分享一對一的輔導案例，以大家會面臨的相同困境引起共鳴，接著開始講道理，碰到人生無法解決的問題時再帶出真理；為了要強調真理的真實性和啟發讀者，最後還會引用一些經典或聖經裡的人物或故事，來加深大家的印象，並且在文末也列舉幾個問題供大家反思，或在小組中一起討論。本書中經文出處皆可用手機聖經軟體查詢到，故不特別一一標明。

不同於上一本以工作為主題的《贏在扭轉力》，這本新書是以人生為主題，適合教會成人主日學或團契聚會的職場教材之一，或者也可搭配《贏在扭轉力》來閱讀，同時收穫工作和人生層面提升之效。

真理猶如真光，可以幫助我們發現永恆的北極星，藉此邁向「幸福人生」的道路。而我所謂的幸福人生，如同圖 0-1 所示，就是達到全人整合且天人合一的境界。

我個人以為，雖然沒有 100 分的生活，卻可以有 100 分的生命，只要願意連接生命的源頭、活出此生的命定，即使到了人生下半場也一樣精彩可期。本書的出版，是我過往數十年生命經驗的集結，亦是回應天命、實踐生命意義的一環，深願它能為黯然的生命領路，並成為你和友人們的祝福！

圖0-1 幸福人生：生命帶領生活→天人合一

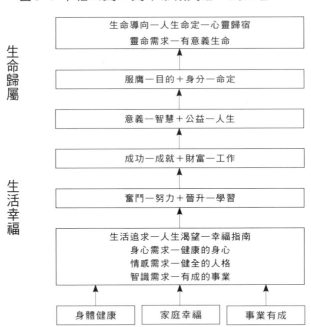

情感需求

人格篇

| 人際關係：愛情與愛心 |

愛心，讓你打造生活中的好關係

愛情是感覺、暫時的；

愛心是行動、永恆的。

※

偶爾，我也會遇到一些夫妻前來尋求協助，比方像是 Peter 和 Mary，他們結婚十年了。他們自大學時期就認識，同班同學的機緣加上又有相同興趣，很快，兩個人的關係就從友情提升到愛情，在相戀五年之後攜手進入婚姻。

這天，Mary 帶著不甚情願的 Peter 來找我，看看能不能藉由輔導，為目前緊張的婚姻關係找到生路。「十年來，他三天兩頭加班，根本沒空陪我和孩子，一個父親常常缺席的家，還算是一個家嗎？」Mary 首先發難抱怨。

「可是，」Peter 也不甘示弱地反駁說：「當初我會吸引妳，不就是因為妳欣賞我的積極上進和事業心嗎？」

「那不一樣啊……」眼見 Mary 的聲調愈來愈高，我請她先緩緩，免得夫妻間的戰火愈演愈烈。接著，我把焦點轉移到更為核心的問題上，請他們想想：「婚前的婚姻輔導，牧師說了些什麼？」

Peter 和 Mary 同時回想了一下，提到牧師曾經跟他們強調：「**結婚以後，切記要用愛心來行事。**」當時，仍沉浸在愛情關係中的他們，對牧師的話不以為然，甚至斬釘截鐵回應說：「那些事絕對不會發生在我們身上，因為我們是如此地相愛。」等到進入婚姻，他們也發現了原來「愛心」和「愛情」根本是兩回事。

「這兩者的內涵確實不一樣，相較於**愛情是一種理性的愛，愛心則是超理性的愛，**」我試著協助 Peter 和 Mary 釐清箇中差異，並且告訴他們：「牧師當時試圖表達的是，雖然他們相愛，但想經營更長久的關係就需要超理性的愛，不是單靠愛情觸發的感覺，而是必須時時行動抉擇——**即使對方對你不好，你的行動仍然選擇對他好。**」

若是能將此原則落實在經營婚姻，無論遇到再大衝突或難題，夫妻雙方依然秉持著愛心來溝通，我相信，任何的婚姻危機都還是會有轉圜的餘地。當然，Peter 和 Mary 也不例外。

・・・・・・・・・・・・・・・

蘋果電腦創辦人賈伯斯（Steve Jobs）的豐功偉業，大家都不陌生，但他在過世之前卻有感而發地說，面對死亡的時候，他才體會到自己做過那麼多偉大事情、賺了那麼多錢，如今看來都不重要，唯有人與人之間的情感和愛，才是人生真正的財富。

賈伯斯大多數的人生歲月裡，無論是對待親生女兒或是

團隊成員，作風皆備受爭議，也因此他說的這段話特別值得深思。他的例子也提醒了我們，千萬不要到了要面對死亡，才認清楚生命的本質——**生命最重要的，其實就是純真的愛和真誠的情感。**

這也正是何以人生最大的傷痛，絕大部分是因關係破裂造成的。尤其是關係破裂的對象是最親的家人，如：父母、配偶、親子，以及與神之間的關係不和諧時，那就真的是痛上加痛了！

▶愛情與愛心來自不同的源頭

有句話說：「不幸福婚姻有很多種，但幸福的婚姻只有一種。」婚姻幸福的秘訣即在於——夫妻之間的互愛。至於要如何把我們對人或對家人的愛，從愛情提升到愛心，正是本文接下來要探討的重點。

在希臘文裡，光是中文的「愛」這個字，就用了至少四個字眼來代表：

- Eros：由性吸引力、性慾和性渴望所引起的感覺（性愛）
- Storge：指家人之間的親情之愛
- Philos：指手足和同胞之間的友愛
- Agape：是一種無條件的愛，即使對方讓你失望，還是願意去愛。亦是一種更崇高、更加持久的愛，沒有保存期限，能夠承擔長期人際關係，像家人關係和與神的關係。

很明顯地，「愛情」的本質比較像是 Eros 這個層次的愛，只不過除了激情驅動的成分之外，世俗愛情通常還包含了理性

的條件評估。英文裡的 Love 這個字也是一樣，大部分是指一種強烈愛的感受及情緒，是一種「**因為—所以**」的愛，不會全心全意地付出自己。這樣的愛不可避免地會有一個保存期限，愛情會因狀況而改變，是短暫的。

「愛心」是 Agape 這個層次的，聖經裡面提及的亦是這種愛，意即不管你怎麼對我，我還是一樣愛你，是一種超越理性思考的愛。這種愛不是一個感覺或情感，而是一種選擇、一個行動，是一種「**即使—仍然**」的愛。那個行動的成果就是愛心，因此不會受外在狀況限制，也不會因為外在狀況而改變，是恆久的。

愛情和愛心都是人類基本情感需求的一部分，只是這兩個層次不一樣。愛情的層次比較低，只有愛心才能塑造出個人的敬虔品格，讓我們愈來愈像神，畢竟基督徒的目標就是要成聖，因此無論如何都不能棄絕愛心。

此外，**愛情通常都是跟隨著影像走的**。意思是說，愛情的發生就像我們看到某一個狀況時，頭腦出現的一個反應，是憑眼見、靠感覺，是身體的感官受到刺激，然後由大腦中的「魂」去做決定；但往往影像是一個幻覺，並非真實。

相較之下，**愛心相信的是一個真光**，不是跟隨著影像和幻覺走。即使面臨到同樣的外在誘惑或刺激，依然能夠克制住魂體的自然反應，而用神的靈來回應，進而超越人性膚淺的自由意志，或是超越魂裡膚淺的自我利益（你對我不好，我也對你不好）。

雖然「靈」和「魂」都是神所創造，但愛情是 "Seeing is

Believing"，看見了才相信，愛心則是 "Believing is Seeing"，因為相信而看見。唯有用靈來行事，方能協助我們超越自身的人性限制，與他人建立最真誠的關係，也唯有從靈裡來的驅動，方能把我們帶往無私付出和自我犧牲的境界。

聖經通常把靈比喻成我們人的「心」，因此任何跟靈有關的字眼，前面都可以再加一個心，跟信有關的叫做信心，跟愛有關的叫愛心，跟良知有關的叫良心。如聖經中的一段經文所言：「**如今常存的有信，有望，有愛這三樣，其中最大的是愛。**」**當我們懂得用愛心層次來回應生命中的每一段關係，除了有助於長期關係的經營，也會讓我們活得更像神。**

愛情，只能讓我們去愛可愛的人，愛心卻能讓我們去愛不可愛的人。看到這裡，或許會有人小小抗議說，難道有愛心就活該倒楣嗎？為什麼別人對我不好，我卻要對他好呢？或者會不滿說，難道只因為他是家庭成員，我就非得要無條件對他好嗎？

對此，我的回應是：每個人這一生的至終尋求，不外乎就是內心的平安和喜樂，為了靈命增長的目的，神往往會藉不同狀況來磨練我們，當我們學會用靈來因應外在環境，便能帶出真正的平安喜樂以及生命的永恆意義。因此用愛心原則待人處世，表面看來是吃虧，實則是一種得利。

▶藉心靈陽台，讓愛情升至愛心

至於要如何從愛情提升到愛心，尤其是在碰到衝突時，我

圖1-1 感情用事的結果，只會身陷更不喜歡的環境

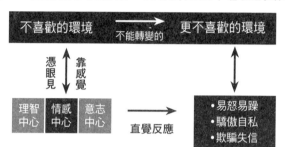

的建議是要為自己打造一個「心靈陽台」。

　　意思是說，當我們在工作或生活中碰到人際衝突，自覺情緒要爆發之前，可以先選擇離開現場，走到戶外的陽台去呼吸新鮮空氣。或者是透過深呼吸的方式，慢慢從一數到十，有的時候需要從十再數到一百，藉此讓激動情緒慢慢降溫。

　　心靈陽台又是如何發揮降溫作用？透過圖1-1便可清楚看到，人際衝突通常是來自於自己身陷一個不喜歡的環境，心裡起了感覺，理智中心被情感綁架不再理智思考，於是馬上做出反應。

　　直覺反應外顯出來的情緒，就是容易生氣和暴躁，認為狀況是永遠不能改變的，所以就不斷使用這個態度去對付別人，以至於別人也如此對付我們。常常人們就在這惡性循環而不自知，所以鼓勵大家把這個模式記起來，生氣時就要想起這個模式來自我提醒。

　　當你發現自己正處於「感情用事模式」時，就應該讓自己離開現場。可以就近走到陽台往遠處看，心想自己為什麼會這

麼激動，若是走不開，那就試著讓心境走開，也就是說雖然人在現場，卻讓心思走到陽台，在腦海中想像自己正處在登高望遠的狀態。

　　舉例來說，看到一封帶有攻擊字眼的 mail 時，奉勸各位不要急著回信反擊，就算已經寫好了信，也可以先存檔，然後起身走一走或找同事談一談；過一會兒之後，再回頭檢視別人是不是真的有攻擊的意思，同時也檢視稍早寫的內容恰不恰當，然後再寄出 mail。

　　當我們從情感中心回復到理智中心之後（請見圖 1-2），就可以有意識的帶出正向行動，進而把破壞性的衝突，轉化成有建設性的衝突，經由與對方的真誠互動，開創出一個多贏且令人歡迎的局面。

　　此外，圖 1-2 當中所說的信念，包括靈界的神和世界上的思想，意即信念的來源有二：一是來自於魂（腦中）的相信。這裡**相信**的範疇包括宗教、哲學、理念、別人、自己（自信），

圖1-2 愛心行事的結果，可望打造出更令人歡迎的環境

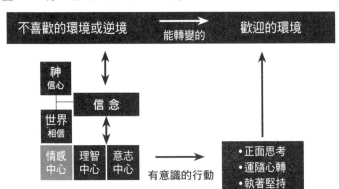

而無論相信什麼，其來源都是物質世界。另外一種信念，則是來自神的，是來自於靈（內心）的一種**信心**。聖經上說：「人非有信，就不能得神的喜悅，因為到神面前來的人，必須信有神，且信祂賞賜那尋求祂的人。」這裡所指的信心的對象，是靈界的神。

▶建設性的衝突，可促進溝通

很多人都不喜歡衝突，甚至極力避免衝突的發生，但實際上，有建設性的衝突有時反而是一件好事。

在人際關係方面，把內心話說出來，才能解決兩人關係上長久存在的問題；在事業經營方面更是要懂得面對現實，透過建設性的衝突把問題釐清，才有機會取得進步和成功，千萬不能像鴕鳥一樣把頭埋在沙裡面。

況且衝突的普遍性不只在家庭和工作場所，在教會裡也一樣會上演。因此我才會透過上述這兩張圖，跟大家詳盡說明如何處理衝突，用愛心來轉化現實生活中的衝突關係，體驗真正的平安喜樂。

人際關係的經營確實不易，因為我們常會不自覺受到情感中心的左右。有次，我從美國飛回台北，晚上九點多抵達下榻的飯店。當我跟著提行李的服務生走進房間時，一身疲累的我，隱約聽到他的口裡冒出了一句「很重」。當下，我的第一個反應就是有些不高興，心想，我的行李又沒有很重，這個服務生怎麼這樣子就在抱怨……

　　先說明一下，這個想法是腦海中自然而然跑出來的，不是我自己可以控制，但幸好我及時啟動「心靈陽台」的冷靜策略，才沒有把心中的不滿說出口。我後來才發現，原來服務生說的很重，其實是指房間的濕氣很重，而且他還為此特地撥電話到大廳，請飯店人員幫我換房間。

　　每當在演講場合跟人分享起這件事，我都會很慶幸自己當時沒有感情用事。如果我真的這麼做的話，對方很可能會因為被誤解而產生對抗心理，當然，他也就不可能會幫我打電話給櫃台，請求更換房間；到頭來倒楣的還是我自己，得在濕氣很重的房間住好幾天。這是一個不跟隨影像而是依循真光的親身實例。

▶管理和領導也需要愛心

　　在說明愛心如何應用在管理和領導層面之前，先跟大家分享一項蓋洛普（Gallup）的調查指出，有高達 65％ 的職場工作者，他們之所以會選擇離職，其實是因為想離開自己的上司。

　　在離職原因的前五名當中：

　　1. 得不到上司對我能力的尊重和肯定；

　　2. 沒有給予適當的培訓或機會，因此對組織沒有貢獻；

　　3. 重複做無關緊要的小事，因此看不到發展空間；

　　4. 很少得到上司正面或負面的回饋，不知如何改進，因此付出與回報不相符；

　　5. 薪資問題。

　　我個人認為，身為上司的人應該為前四項負起責任，因為那顯示你的領導和管理能力有待精進。換句話說，上司肩負著管理的責任，但你的管理方式是權威式還是感召式，將會決定管理的成效和部屬的去留。

　　只顧完成任務（公義）而不顧培養人（慈愛）的**權威式管理**，其特性如下：

　　● **激勵原則**：用高壓、強迫或利誘的手段來達到管理目的。此一外在手段只能取得短期效果，亦只適用於沒有知識和文化層次低的員工。

　　● **執行原則**：將部屬當成聽命的棋子，一切都在自己掌控之中，喜歡下達命令與控制部屬的一切。

　　●**部屬反應**：

　　1. 老闆手中棋子：意識到自己只是老闆手中的一顆棋子，被任意使用以完成上司的任務。

　　2. 表面順從：他們企望內心的感召及認同，拒絕腦對腦的溝通，而求心對心的認同。

　　3. 缺乏認同感、歸屬感：不會把老闆或公司的發展放在心上，只會看薪水辦事，工作對他們而言就只是工作，缺乏對公司的認同感和歸屬感。

　　以培養人為主（慈愛）而同時完成任務（公義）的**感召式管理**，其特性為：

　　● **激勵原則**：以激發部屬潛能為主。透過尊重部屬的能力來贏得其信任，並將其需要置於自身需求之上，激發其成長、發揮潛力，盡你所能協助他成功來使自己成功。

1.直接影響部屬幸福：管理者不僅是支配部屬的工作、薪資，而是直接影響部屬的自尊心、自信心及被認可的程度。

2.尊重部屬贏得信任：把他們的需求擺在第一順位，以維繫他們的信任。

3.關心利他幫助成功：要在工作上主動關心、幫助他們成功，幫助他們超越自己以激發出他們的潛能。

4.同理待人欣賞長處：仔細傾聽、尊敬他人最佳方法，是鼓勵他們發揮自己能力，來達到大家共同努力的目標。

●執行原則：

1.按才授職：按照部屬的不同才幹，分配不同的任務以發揮其所長。

2.分工授權：按才授職後就要合理分工使每位部屬都有發展空間，然後要放權讓部屬有一定的權限範圍以贏得信任。

3.定位部屬合作夥伴：重新思考自己與部屬的定位。

4.積極傾聽分享理念：和他們分享你的理念與夢想，讓他們知道他們對共同願景的重要性，並且給他們進步成長的機會。

5.堅守高品質和誠信：每個員工的信譽和你自己一樣重要，經由這些舉動，部屬無不感受到你的關愛。

過往的經驗當中，我就曾經因為向部屬傳達關愛，得到他們善意的回應。只不過，要做到全方位的感召管理，需要不斷地學習和自我操練，僕人式領導並非被動地一味服事下屬，而是積極地用公義、慈愛並重並行的愛心來領導。

●部屬反應：

1.全力以赴：他們的態度從被動懷疑到主動相信，在感受

到上司的關心中而願意全力以赴。

　　2. 尋求突破：在得到按才授職及分工授權後，部屬不再畏首畏腳，而敢於用創新突破工作上的難題。

　　3. 感恩圖報：誰說職場上不能有「愛」？因為上司對部屬傳達了關愛，上司也同時得到善意的回報。

▶ 愛的真諦：公義與慈愛並重並行

　　從事專業經理人的時候，因為曾經在管理領導的過程中犯過一些錯誤，也碰到過一些挫折，才激發我進一步去思考，如何在領導的過程中實踐愛心原則，從權威式領導轉型至感召式領導（也就是所謂「僕人式的領導」）。

　　僕人式領導的特點在於，懂得把部屬的需求放在第一位，先求他們的滿足和成功。根據過往的經驗顯示，當我讓部屬人人都成功的時候，其實我也一樣能夠嚐到成功的果實。

　　「按才授職」和「分工授權」，這兩者也跟愛心有關。按才授職就是要花時間去挖掘部屬的潛能在哪裡，再根據各人的潛能去分配任務。譬如說做銷售的人跟做設計的人，他們的個性是不一樣的，前者喜歡跟人打交道，後者喜歡跟做事打交道。因此要先知道部屬是什麼個性、什麼背景，再給他對的工作去發揮。

　　授了職以後，接著要分工授權。什麼叫分工呢？就是讓銷售的人盡量發揮他的潛能去做銷售，讓做設計的人發揮潛能去做設計，但同時還要充分授權，不要時時介入他的日常工作

中，放手讓他去發揮。意思是說，當部屬在工作上遇到困難時，要第一時間關心他、鼓勵他，為他指引一個方向，使他自己找到解決困難的方法，如此他才可以順利往前走，並且給予他合理的犯錯空間，如此員工方能成長。

總的來說，愛的真諦就是公義和慈愛並重。聖經當中教導的**公義原則可以幫助我們把事情做成，愛心原則可以幫助我們把關係弄好**。至於要如何在愛心和公義的這兩端，拿捏出最合適的待人處世之道？提供大家兩個常見的執行誤區，以茲核對：

- **誤區一：對人溫和，對事也溫和**

案例：因為那人很重要（重要顧客、重要會友），因而事事妥協。但對事溫和的結果就是，什麼問題也解決不了。

- **誤區二：對事嚴厲，對人也嚴厲**

案例：因為這問題很嚴重，得降低成本，就很嚴厲看待此事，導致對人的態度也跟著變強硬，但事實上，面對愈難處理的問題，愈需要溫和待人。成事者能在自己頭腦中央畫一條線，把人跟問題分開，同時對人溫和但又很堅定的處理問題，如圖 1-3 所示。

圖1-3 對人溫和，對事嚴厲

- 對人溫和
- 尊重人
- 慈愛

- 對事嚴厲
- 不誤事
- 公義

　　除了上述的兩種誤區，實際上，還是有很多情境會使人陷入愛心與公義拉扯的兩難當中。我們能做的就是求神賜下智慧，隨時幫助我們做出最合時宜的應對，一旦能夠做到對人溫和慈愛、對事嚴厲公義，便可算是掌握到箇中訣竅了！

　　很多人誤解基督信仰「愛你仇敵」的觀念，是食古不化、不符合時代潮流的信仰，但這句話真正意思指的是，在戰爭中不是強迫自己去喜歡仇敵，而是以尊重（慈愛）人權的原則下來對付仇敵，甚至殺死仇敵（公義）。

▶ 愛的八項美德

　　何謂愛的真諦，聖經〈哥林多前書〉13:4-8 有非常清楚的說明。至於要如何在家庭落實聖經的愛心原則呢？我試著歸納下列八項美德供大家參考：

1. 忍耐：即使面對衝突，仍然展現自制力

　　有人自覺脾氣來得快、去得快，殊不知已經對他人造成傷害和影響；人生沒有彩排，任何時刻都是現場直播。因此，若與父母、配偶、孩子有衝突時，切忌做出或說出傷透對方的行為及言語，造成終生遺憾，當衝突升高時要藉著「心靈陽台」調整心情。

2. 恩慈：即使再不願意，仍然付出關心、讚美及鼓勵

　　發揮同理心，當家人有特殊需要時，要放下一切、陪在他們身旁，而不只是人在現場心卻不在；全人參與是關心人最棒的作法，這指的是要用大腦聆聽而非只用耳朵，要學會在傾

聽別人心聲時，摒除內心所有雜念。讚美鼓勵是人類最核心的需求，也是激勵人心最好的作法，但要做到心口如一（態度真誠、具體說明、焦點非己）。

3. 謙卑：即使有可誇之處仍然待人真誠、不虛偽、不自大

身為一家之主常想要打造出絕不犯錯的假象，但做錯事後跟家人認錯，是一種勇氣也是美德。適當時候要誠心表達自己的不足，需要家人的幫助，讓自己能夠被愛；人如果沒有決定變得脆弱，向自己的生命低頭，那麼神的一切智慧和力量都不再重要了。

4. 尊重：即使不值得尊重，仍然待人如奉上賓

孝順父母不僅止於經濟上及需求上的照顧，態度也要使父母活得有尊嚴。夫妻來自不同家庭背景，唯有靠愛心互相敬重雙方的不同，方能保守長期良好的關係。對子女最好的尊重是認可其為獨立個體，以及肯定其能力、選擇及家庭。

5. 無私：即使對自己很重要，仍然先滿足他人的需要

大部分人只顧滿足自身欲望，但自私自利的想法及行為將破壞家庭和諧；要清楚分辨想要與需要，以及滿足與知足的不同，多數人在世上追求的是想要及滿足的快感，與需求無關。神造的世界有一個共贏法則，你要有所成就，須在成就別人中來達成，利他永遠是最好的利己。

6. 寬恕：即使別人做了對不起我的事，仍心裡不怨恨

不是假裝別人沒做對不起你的事，也不是你不處理此事，不是一再任人踐踏，也不是放縱自己可以任意非為，而是在控制自己的情緒下果斷待人。果斷指的是要以靈的行為來控制魂

及體的激烈感受，要以開放、坦白、率直但又不失尊重的行動
來對待得罪我們的人。寬恕要做到在事情發生後果斷解決，即
使內心有所忿恨也要加以釋懷，如此方能不斷地原諒長期相處
的家人。生氣是將別人的錯誤成為我們的痛苦。原諒家人是天
天要學習的功課，怨氣只會侵蝕身心，讓人倍受痛苦。培養寬
厚的氣度是我們必備的人格特質，一個人氣度有多大，就能帶
領多少人。

7. 誠實：即使犧牲自己的好處，仍然凡事不欺瞞

在愛心驅使下，以尊重的態度，坦白清楚地告訴對方，你
對他的期待和看法，不管是好還是壞的資訊全都坦誠相告，做
人要公平一致；誠實亦是家人之間互相影響最直接的特質，因
為家人最清楚你是否裡外一致，信任是人際關係的強力膠，而
它是建立在誠實之上的。誠實待人是實現愛心時很困難的一個
步驟。

8. 守信：即使要付代價，仍然堅持所做的選擇和承諾

守信是做到在生活中所做的各種承諾。很多人看到事情有
利可圖，都想湊上一腳，等到關鍵時刻要付代價，就沒人願意
信守承諾；我們也常會陷入對外是守信者，對內卻是失信者的
陷阱之中，像是臨時因為工作而更改對家人的承諾。維繫婚姻
承諾亦是一種守信，對已婚者真正的考驗是，如何去愛我們已
淡出情感的配偶並對其委身，這就是出於愛心所做出的犧牲。

 孔老師的心靈討論室

Q1：

你是否願意藉著培養心靈陽台以改進與他人的人際關係？

Q2：

有人認為，舊約中的神是一個喜怒無常的暴君，新約中的神卻
變成任人擺佈的聖誕老人，你的想法是？

Q3：

世人認為，基督信仰崇尚的「愛你的仇敵」、「僕人式領導」等
觀念是食古不化，不符合時代潮流的信仰，看完本文後，你對
此有所改變嗎？

2

｜群體關係：良知與良心｜

道德律是社會和諧的根基

利己是暫時、小我，難以持久；

利他是長久、大我，延伸永恆。

❋

William 是一位長者。有次在上基要信仰主日學時，問我說：「我一生都沒做過壞事，也一向安份守己，所有宗教不就是勸人做好人嗎？我已經是好人了，為什麼要信神呢？而且說做好人的目的是為了上天堂，這豈不是很功利嗎？」

其實不只 William，很多尚未信主的年輕人也常會好奇問我說，既然宗教都是勸人為善，為什麼要只限於相信基督信仰呢？針對這方面的疑問，我個人早有一些領受，因此我向 William 解釋說：「你對好人的看法是不做惡事，但其實這是好人的消極定義，積極面是要去做善事，而且**信神不只是勸做好人能上天堂而已，其要點是藉著信靠神而從神的至善中，得到一個新的生命。**」

我接著說明：「這個神賜予的新生命是活的，能不斷地自發約束你不去做惡事，同時又是不斷自發地吸引你去做善事。況且，**上天堂不是信神的目的，而是信神的結果。**」

　　為了讓 William 更明白箇中道理，我特別舉了一個聖經裡的故事，是關於神在末世審判世人的比喻，內容提到神審判世人所定的標準，並非根據我們在今生所擁有的財富、權勢及地位，而是根據我們是否照著本性去行善來決定的，因此審判的時候，神要將人分為兩類，分別以綿羊和山羊為象徵。

　　綿羊型的人，照著本性樂意與需要的人分享他們所擁有的（此即為善行），而且懷著一顆本來就該做的心，是動了慈心，為幫助人而助人，不帶目的，所以驚訝於自己受了讚賞、得到神的祝福，邁向永生。相較之下，山羊型的人雖然沒有做實質上的壞事，可是為了一己之私，昧著本性而不肯將自己擁有物與人分享，甚至對有需要救助的人視而不見（此即為惡行），因而受神的審判，進入永火。

　　神是講理的。故事中敘述的善事都是我們能力所及且做得到的普通事務，像是去關愛有需要的人。神同時也是公平的，不會用你沒有的來做評判標準。神知道綿羊型和山羊型的人都有此本性，也都有行善的機會，不同的是，綿羊型的人看到有需要的人時，便會將本性的感動：(1) 化為行動；(2) 不求讚賞；(3) 把握機會。反觀山羊型的人，會為了一己之私而不顧本性的呼喚。

　　「神又是如何知道綿羊型和山羊型的人有此本性呢？」William 追問。

　　「因為那些本性都是神在造人時放進去的，」我進一步向 William 說明：「這種看到其他人或物需要幫助時所產生的惻隱之心，叫做良知，這良知人人都有，但只有像綿羊型的人會將

人性中的**良知**，很自然地以**行動**實踐出來的，所以綿羊型的人才會被視為有**良心**的好人。」

· · · · · · · · · · · · · ·

　　每個人內在的良知含量有多少，是與天俱來。神在創造人類的時候，就已經將良知放置在腦中，屬精神體系的一環，就像每個人高矮胖瘦各有不同，神賦予個體的良知（道德）比例亦有高低之分。

　　理論上來說，一個人只要有良知就會有避惡行善的傾向。只不過，自從人類始祖亞當犯了罪，人類便步上集體墮落的命運，出生起就接受世上那些以自我為中心的思維，良知也因此被壓抑到潛意識而成了隱性思維。

　　直等到有一天，人們在信耶穌歷經重生後，靈裡的自由意識才會開始信靠神，進而能夠做出顛覆世上「強欺弱」和「弱抗強」的行為，轉而活出「強助弱」和「弱靠神」的崇高價值，以良心（道德力）來提升自己的良知程度。人們常說的「良心發現」這四個字，指的就是良心使得良知從隱性變成了顯性，繼而出現行為上的轉變。

　　易言之，良知是在腦子裡，打從一出生下來就已經具備；良心則是神在給我們靈的時候也同時放在心裡面；至於所謂的道德觀念，就是神放在人心裡面那個避惡行善的驅力。

▶道德真諦：何為善惡、什麼是好人壞人？

常會有一些未信主的人質疑說：「你叫我信教，可是我明明看到某些基督徒的道德比我還差，為什麼還要信教呢？」對此我的回應是，確實有很多未信主的人道德層次很高，也做了很多善事，但神看的不是一個人的道德有多高，因為這是神放進去的，而是道德力的提升（良心為良知帶來的改變程度）有多少？

一個人即使道德崇高但不信神，良知不曾在有生之年得到改變，那麼便不算得救；相對的，另一個人雖然道德程度較低，但信了神而產生良知改變，即使變化只有一點點，對神來說他還是得救了。因此結論還是一樣，就是鼓勵大家要堅持信靠神到底。

聖經裡頭定義道德善惡的方式，可以分為舊約和新約版本。舊約當中的十誡和律法，強調的是利己的約束力，其精神是從不做惡事當中去行善；新約則是強調利他的吸引力，也就是在行善中不去做惡，像是要去愛神、愛人、愛己。

總而言之，所謂的「善」，就是在滿足自我需求之前先顧及他人（社會、國家、大我），或甚至願意因此犧牲小我，如此便可稱之為善。而這樣的好人通常會具備以下的行為特質：

1. 富濟貧、強助弱

2. 窮者安貧樂道

3. 將利他置於利己之前，願為成人之美而付出代價

「惡」則是只顧一己之私，或即使危害他人權益也要達到

目的，便是一種惡行。這樣的壞人其樣態不外是：

　　1. 富者藉欺貧者而更富，強者藉壓弱者而更強
　　2. 弱者不安貧樂道，還鋌而走險只為成就一己之私
　　3. 將利己置於利他之前，不擇手段的自私貪婪

▶國家社會道德的實踐，才能造就文明社會和強盛國家

　　曾經有一些華人學員不解地問我說，為什麼我們大夥兒在美國進自助餐廳，老美都會自動讓出大桌？為什麼在公開場所，老美講話都很小聲？為什麼即使是吃到飽的自助餐，老美每次都只拿一點點食物？

　　另外還有一個例子，就是有次在飛機上排隊上洗手間，看到一個外國人正要進入時，一個華人突然插隊搶到他前面，連聲說「自己太急了，對不起」，那外國人竟然也真的立刻禮讓，難道他自己就不急嗎？

　　綜合上述這些所見，華人學員們提出了一個共同疑惑，說：「孔老師，為什麼美國人那麼笨，國家卻那麼強？」原因其實很簡單，因為一個有道德的社會，通常也會是一個文明社會和強盛國家。

　　我常跟人解釋說，分辨文明社會和不文明社會，最簡單的一個方式就是，你在一個地方看到汽車會讓人，那就是高道德的文明社會；反之，若是一個地方的人必須要躲汽車，那就是道德較低的不文明社會。

道德是一個立國的根本。一個真正文明的社會，人們注重的是整體效益而非個人聰明，因為一個人人都聰明的社會，反而會造就出一個笨拙的社會。想想看，若是在高速公路上，每部汽車都罔顧交通規則，自顧自地搶快通行，結果發生車禍造成交通大阻塞，最後倒楣的不就是大家嗎？

所有人都想占便宜，到後來大家都吃虧。我到各機構組織去教管理時，最常強調的一個原則就是希望大家誠信經營，原因是，當大家做生意都不誠信時，集體必須付出的成本是非常高的。

所謂的「不誠信」是指個人自認聰明，一方面想方設法去騙別人，另一方面又要處處提防自己被騙，以至於必須在往來互動中設下重重關卡，導致所有事情的處理程序變慢。這時若再加上每一道審核關卡都要去賄賂，最後要完成一件事情或做成一筆生意，成本就會墊得很高，對賣買雙方都沒好處。

■道德的實踐，是文明社會表徵

1. **笨人社會**：車子（強者）讓人（弱者），優先顧及他人的需求（行善），即使自己權益受侵犯也不發難（不做惡）。

2. **尊重他人（不做惡事）**：自小在教育中學會尊重他人，不為他人添麻煩，不為社會製造問題的好習慣，像是不吐痰、不丟垃圾、守法守秩序、願意排隊、不占人便宜、小聲說話、知禮有禮、舉止客氣、不爭先恐後。

3. **強者助弱（積極行善）**：樂於幫助他人，為他人先開門，尊重殘障者的權益，汽車讓人，公民敢於見義勇為，社會中有

許多慈善、公益的組織幫助貧困者，在危難中主動為社會、國家犧牲奉獻。

　　4. **和平共存**：一個國家的社會價值體系可傳承與經營，方可稱為文明國家，是崇尚道德的社會，也是可以和諧共存、利益共享的社會。

■只有文明社會，方有強盛國家

　　1. **整體效益**：在一條人人爭先恐後、不顧交通秩序的車道上，每一輛車都想最快通過（小我），結果造成整體慢（大我），甚至寸步難行。人人都很聰明（不守秩序、占便宜）造成整體很笨。

　　2. **交易成本**：在一個普遍不誠信（自認聰明做惡事）的商業圈中，人人自危，在想占他人便宜的層層圈套中，又要設立許多防範措施不受騙，因為每層、每人都想得不當的利益（賄賂），使得整體交易成本飛漲，經濟成長難以持久。

　　3. **創新發明**：國家的強盛在於經濟持續增長，經濟成長取決於不斷的創新發明，若創新是為一己之私（做惡）的賺快錢，創新創意必然膚淺也難以持久，創新是無法用花錢訓練出來的。

　　4. **最有顛覆性的創新發明，是源自於追逐一個夢想或理想，或去做一件有意義的事，為社會創造價值（行善）**，如此的熱情及心意方能驅使人在不斷的失敗中，仍能鍥而不捨，直到把事情做成。

▶個人道德的實踐──我以道德行事而吃虧，值得嗎？

　　一位在顧客簽投資合約前說了實話，而毀了這筆生意的業務員告訴我：「為此事我飽受上司訓斥、責備並凍結了我的工資，我很痛苦，但要我只顧業績而不說實話，我良心過不去，現在想起來真有些後悔，我以道德行事吃了眼前大虧，值得嗎？」

　　我回答他：「我很敬佩你的作為，也很瞭解你的心情，我們信神的要有一個信念就是，只要是做出神要做的事，一定是對我們有益處的，這益處可能立刻顯現，也可能要過些時候或較長的時日方實現。若是如此，當我們因為做了對的事而陷在苦難中，像你現在的遭遇一樣，我們就要有信心盼望那有益的事必然會發生，因而持續信靠神，堅持去做神要我們去做對的事情。」

　　所謂道德的實踐就是，以利他之行、以得利己之心。

　　1. 神的屬性──至善：只會做利他之心、利他之行

　　2. 撒旦屬性──至惡：只會做利己之心、利己之行

　　3. 利己之心：人活在世上是有需求的，為了滿足這需求人必須要有利己之心，而且人及社會要有進步也要有利己的驅動力。

　　4. 約束力：但此利己之心必須藉著內在的良心，以及外在的倫理、法律的規範來約束其過分利己的行為。

　　5. 吸引力：除了約束力之外，更好的作法是利他的吸引

力，也就是藉著利他的行為以達到利己之心的效果，這就是利
他之行以得利己之心的原則。

以利他之行得利己之心，將成為個人信心的支柱。譬如
你面臨一個關鍵時刻，陷入了兩難情況：為了保護自己的利
益（利己之心），說個謊（利己之行）事情就可以過去了（做
惡），或選擇說實話（利他之行）但可能會受害，這時候該怎
麼做？就是在測試你道德力（行善）的時刻。

若在此時你選擇說實話，因為你的良心（信靠神）指使你
做對的（利他之行—行善），你應該對此事結果有所盼望（利
己之心），事件的後續則有下列三個可能性：

1. 神會立即介入，令這事過去或將壞事變成好事（利己之
心—程度 1）。

2. 神不一定及時介入，所以你會受害，但將來神在對的
時間會介入助你反敗為勝，在此逆境中，因為你做了道德的選
擇，內心的平安能幫助你度過難關（利己之心—程度 2）。

3. 在你離世之前，神都沒有介入，但你仍信靠看不見的應
許，也會因為做了對的事而得到內心的平安喜樂，以及永恆的
盼望（利己之心—程度 3）。

有一位事業非常成功的房地產公司總裁，在被記者問到成
功的秘訣時，他說自己唯一特別的地方就是做生意誠實。他回
想剛入行的前三年，因為主張要對客戶誠實，接連被四家公司
開除，讓他一度絕望到想離開房地產界。

過去接觸過的客戶當中，幾位因著他的誠信而沒有蒙受損
失的人，得知他的處境後開始廣為宣傳，告訴親朋好友若要找

最誠實的地產仲介就去找他，如此一傳十、十傳百，不僅仲介生意大幅湧進，那幾位客戶還協助他成立一家公司，將他推向事業高峰。

最後，他語重心長地告訴記者：「在這最難熬的三年，有個不斷支持我前行的信念就是，只要不斷去做對其他人有益的事，我信的神，終有一天會讓意想不到的好事降臨在我身上，這就是我從聖經當中學到的秘訣……」

如同這位總裁體會的一般，藉利他行為達利己之心，不僅僅是道德上的持守，對於一個基督徒來說，更是一種信心的操練。至於要如何從淺層的相信（程度 1）晉升到深層的堅信（程度 3），接下來在〈人神關係：相信與堅信〉一文中會有更詳盡的說明。

▶道德律與自然律

神之所以會設立道德律，真正的原因是讓宇宙各個生物和諧共存，社會講究道德感，亦是為了人類永續共存的目的。

神定義的善惡範疇，甚至擴及到了全宇宙。聖經〈創世紀〉當中提到，神在創造宇宙萬物之後看一切都是美好，就把宇宙託管給人類，人類在宇宙中雖然體力上是弱勢族群，但在智力上是強勢住戶（靈裡的智慧），所以神要我們負責「治理這地」和「管理活物」，這就是神給人類的第一個大使命。

在「治理這地（物質）」方面，人類應該扮演消極角色，就是不要去違背神掌管宇宙運行的自然律（不做惡事），但在

「管理活物（生命）」方面，人類就可以從積極的角度切入。神造了很多物種，每個物種底下還有幾千個類別，因此人類在管理生命體系時，首要之務就是維持各物種的永續生存（要做善事）。所以神在創造宇宙時，除了看得見的**自然律**之外，也在所有活物（包括人的內心）中，放了看不見的**道德律**，這趨善避惡的道德律就是良知，這良知是為了宇宙萬物能永續共存所創造的。

　　物種之間必須學會尊重彼此生存的空間和權利，既不能趕盡殺絕也不能過度繁衍。神創造的「食物鏈系統」凸顯出，每個物種對於整個宇宙的和諧都是有用處的，因為滅了任何一個物種，便會導致另一個物種的過度繁殖，乃至於氾濫成災。在此我分享一個有關的故事。

　　很久很久以前，中國北方有個盛產桃子的村落，當地老祖宗曾經交代過，收成時絕對不能採光桃子，要留一些給過境的候鳥吃，果農們雖然不知道原因何在，還是默默遵循著這樣的潛規則。

　　直到有一年，氣候因素嚴重影響收成，果農們心一急，把果園裡的桃子全採收下來，心想這麼做應該不會有什麼大礙。結果，那年不見候鳥前來，到了隔年合該收成的季節，果園裡的桃子竟然也全都爛掉了。

　　這究竟是怎麼一回事？原來啊，他們的老祖宗之所以告誡要留下一些桃子別摘，是因為候鳥吃桃子的同時也會把蟲子吃掉。果農們把桃子採光了，導致候鳥不再前來棲息，果園便開始上演「蟲蟲危機」，使得果農們損失慘重。

　　透過這樣一個小故事的分享，相信大家就不難理解，何以身為大自然物種之一的人類，必須學習如何跟其他物種共生共榮，方能達到永續生存的目的。除此以外，這個小故事亦體現出一個道理就是──一個懂得利他的人看似吃虧在先，實際上，最後受益的還是自己──只不過要做到這一點，個人必須先具備一定的道德層次。

　　由此可見，整個宇宙系統是連結在一起的，不僅物種之間在生存上息息相關，物種跟環境之間的連動性更是環環相扣。

孔老師的心靈討論室

Q1：

關於文中提到的良知和良心、好人和壞人之定義，你的理解和
體會是什麼？

Q2：

到美國旅行的經驗中，你是否也有「為什麼美國人那麼笨，國
家卻那麼強？」的疑惑？試著分享自己的經驗。

Q3：

在你過往的工作或生命經驗當中，是否曾經陷入要不要依據道
德行事的兩難？你後來的選擇是什麼？結果又是什麼？

3

| 人神關係：相信與堅信 |

用信心來顛覆世界的排序

相信來自世界，堅信源自靈界。

※

　　同樣是一個正陷入挫敗的基督徒，坐在我眼前這位企業家 Bob 的處境，顯然更關乎到信心的堅定與否。

　　會談一開始，Bob 就直接談及最近遇到的事業打擊，沮喪地告訴我說：「孔老師，上星期我們公司和最大客戶談繼續合作的事宜，原以為事先沙盤推演多次，應該會萬無一失，沒想到最後不僅新的合作案沒談成，連目前的合作也被迫喊停。」

　　這件事情對 Bob 的衝擊非常大，原因是，他除了在工作上付出極大努力，在靈裡的尋求也絲毫不馬虎，還特地建立一個禱告網廣邀會友們為此迫切禱告，自己也禁食禱告多日，求神賜下聰明智慧讓他順利談下合作案。

　　都這麼盡心盡力且竭力尋求神的幫助了，仍舊不得其果，確實可能撼動到基督徒的信心，也無怪乎他會問：「為什麼對我如此重要又有益的事，神卻沒有伸手幫我？為什麼我如此有信心的禱告祈求，神卻不站在我這邊？將來我又如何明白何為神的旨意呢？」

　　一連串的為什麼，顯示 Bob 此刻心中已經失去信心，開始摸不清自己信的是一個什麼樣的神，也不知道這位神在什麼情況下才會願意出手幫他。在試圖顧及失落又得把其信仰盲點道破的前提下，我放慢了會談的節奏，說：「我知道你現在非常茫然也不知所措，甚至有些生氣，但在此時，我也想請你思考一下，在禱告中求的是成就神的國嗎？還是在求成就你自己的國，然後請神當你的助手呢？」

　　「這個嘛⋯⋯我倒是完全沒想過，」Bob 沉思了一下，爾後抬起頭期盼地看著我說：「可以請孔老師說明這兩者有什麼差別嗎？」

　　我進一步向他解釋說，求神的國，就是以神為中心、神先我後；求自己的國，就是以自我為中心，我先神後。至於為什麼要先求神的國？很重要的一個原因是，**神不僅比我們更瞭解整體情勢，也比我們更清楚什麼結果最符合我們的長期好處。**

　　「一個真正有信心的禱告，應該是求神讓你能以不欺騙、不自私、不驕傲的態度來處理事情，同時把結果交給神。」我接著舉例：「若是用神要你做事的方法去面對客戶，卻導致客戶離去，代表這不是祂要給你的客戶。相反地，若是客戶驚喜於你的處事態度，還為此樂於開展其他合作項目，那他們就是神為你預備的真正客戶。」

　　Bob 點點頭，表示懂了。我也衷心期盼，此次的事業衝擊對他而言，不是潰堤，而是信心的再升級！

● ● ● ● ● ● ● ● ● ● ● ● ●

　　如果你曾經相信有聖誕老人這一號人物，那麼一定還記得在聖誕前夕入睡的興奮心情——只要一覺醒來，夢想中的大禮就會從煙囪送到閃著亮光的聖誕樹下。然而很快地，當我們更懂事了以後，知道聖誕老人根本不存在，但內心深處渴望有人代為實現願望的期待，似乎還是不曾消失過，只是轉而投射到不同人的身上去。那個人也許是父親或母親，也可能是丈夫或妻子，有信仰的人最可能的投射對象則是神。

　　這也是何以我們會看到，有些基督徒信主的原因其實是出自於：認定神的存在是為了滿足他們個人的需要。他們會認為「神既然創造了人類，表明會白白賜給基督徒救恩及永生，那麼就應該要像有求必應的聖誕老人，滿足基督徒的願望或供應一切所需，不然為什麼要信神呢？」這樣的想法乍聽有理，實際上那反而是不信神的一種表現。

▶信神的四種心態：不信、相信、信任、堅信

　　其實，不只是我在書中提到的那些輔導案例，每個人放眼自身的工作經驗，應該都不難列舉出工作與信仰衝突的例子，也唯有在那樣的時候，方能凸顯出我們對神的信是處在哪個階段。

　　依據我個人的觀察發現，有很多基督徒即使信主多年，對信的定義依舊模糊不清。**最常出現的兩種誤解，一是把相信和**

信心混為一談，二是追求自己的國來取代神的國。

　　為了協助大家進一步釐清箇中差異，我將嘗試以聖經當中的故事為比喻，說明當我們處在不信、相信、信任、堅信四個不同心態時，分別是對應到何種境地，以及如何才可以從不信邁向堅信。

　　聖經中有個關於撒種的比喻。該經文提到，耶穌曾以說故事的方式跟眾人們講道，說：「有一個撒種的出去撒種。撒的時候，有落在路旁的，飛鳥來吃盡了。有落在土淺石頭地上的。土既不深，發苗最快。日頭出來一曬，因為沒有根，就枯乾了。有落在荊棘裡的。荊棘長起來，把它擠住了。又有落在好土裡的，就結實，有一百倍的，有六十倍的，有三十倍的。」

　　若將這個比喻對應到信仰，我們可以這樣說，種子代表的其實是神的道，撒種的人就是神，當神把真理的道撒在不同的心田時，產生下列四種結果：

1. **落在路旁，被飛鳥吃盡→不信**
2. **落在土淺石頭地上，被日頭曬乾→相信**
3. **落在荊棘裡，被荊棘擠住→信任**
4. **落在好土裡，結實一百倍、六十倍、三十倍→堅信**

　　導致撒種結果不一樣的關鍵，並非種子的品質參差不齊，而是人的「心田」本身出了問題。而且這四個結果當中只有最後一個是結實的，亦即，雖然第二個（相信）和第三個（信任）都是代表人們聽道之後成為基督徒，但卻未及結實的程度，顯示還有很大的進步空間。

　　1. **不信：**神撒種的目的，當然是希望最後能夠結實。不

信的人，通常是因為心很硬，如同路很硬，無法讓種子落地生根。他們的心之所以會剛硬，大多是受到理性思維限制，認為無法用科學證明的事就不值得相信，但偏偏神是屬於超理性範疇，無法用理性證明。

每個人一開始接觸到神的道，其實都像是種子撒在路旁，必須要先選擇相信且願意接受真理，方能跨越理性的阻礙，著手把心田的硬地鬆化成淺土。然後，再慢慢學習把土加深和除掉荊棘，最後才能真的耕出一畝好田，讓神的道結出豐盛的生命果實。

2. **相信**：有的人信神是倚靠眼見、感覺行事。我注意到，有不少基督徒都是只停留在相信的階段，他們也是最容易流失的一群。

比方說，有些人因為大難不死，覺得冥冥之中有神在保護自己，於是就願意相信神，或者是某次受邀到教會聽道，剛好被牧師說的話打中，當下就願意信神。但種子只是落到淺土，扎根不深，所以當哪天突然發生不順心的事，他們就會因為覺得「神沒應允我」，憤而離開教會，這一類的基督徒不能得救。

實際上，這樣的危機亦是信心升級的轉機。當這一類的基督徒遇到困難時，只要及時透過讀經禱告來自我提升，輔以弟兄姊妹的陪伴帶領，一鏟一鏟地把淺土耕耘成深土，有機會從原本的相信進階到信任。

3. **信任**：升級到信任階段的基督徒，不再那麼容易受環境變動的影響，也已經具備一定的信心去面對逆境。如稍早所言，教會最多的是處在相信階段的人，其次是在信任階段，後

者固定每個禮拜到教會聚會，也會積極參與很多教會服事。

耶穌在比喻中說到，這個階段會遇到的挑戰就是：(1) 錢財的迷惑和 (2) 世上的思慮，而那就等同撒種比喻中的荊棘。主因是，該階段的基督徒依舊生活在物質世界，所以仍自許要努力工作讓家人過優渥生活，以為那才是家庭幸福的依據，也藉此打造成功的形象；有的基督徒則是在定義時刻因為世上的思慮，妥協了世界上的價值觀而跌倒。

關於這一類的基督徒，他們絕大部分時間是信任神的，也能照聖經的原則行事為人，但在關鍵時刻守不住，所以信心是不穩定的。他們的信仰在於外表而不在於心裡，有如舊約時代的法利賽人、文士和祭司，雖然為神做了很多事情卻沒有結實，因為是以自我為中心，雖然可能得救卻難以得勝。該怎麼辦呢？升級的關鍵就在於——把荊棘去掉。

人們關心家庭和事業都是好事，但要認清那只是支持有意義生活的一種手段，而非存在的唯一目的。這也就是為什麼我常鼓勵基督徒們，**先藉由信靠神找到真正的人生目的，致力於活出命定，那麼「錢財迷惑」和「世上思慮」這兩大荊棘，便可以拔除了。**

4. **堅信**：再來就是要講到信的最高等級——堅信的階段。其內涵為：在環境、感覺、外表、世人、理性，都催促你向反方向去做的時候，你依舊持守神的話語，在狂風暴雨中忍受試煉前行。不管發生什麼事或付出什麼代價，你都會持續信靠神而不妄動，亦不受制於環境，如此的信心便是堅信。

唯有堅信方值得神的介入，做出榮神益人的神蹟奇事。因

此基督徒在成聖（從信任至堅信）的過程中，可能要經過一個大逆境（亦稱罰區）去親身經歷神，並且做出以下改變：(1) 從信神能「做」什麼轉變為信神「是」什麼；(2) 人生觀、價值觀的轉移從「自我中心」到「神為中心」，要從神國使命的制高點，來重新定義家庭幸福、事業有成、身體健康、國度事奉的次序及意義。

唯有好土能結實，且有一百倍的、六十倍的、三十倍的收成。這裡耶穌沒有清楚指出，結實倍數的確切指標，但我們可以想像這些倍數指的是，在神永世計畫中影響的程度。

易言之，這三個不同的倍數，一方面是個人生命改變的程度，另一方面是在神國度事工的影響力度。神不是以結實的倍數，而是以忠心、良善、忍耐到底的僕人標準來衡量我們。

聖經上也提到，神在祂國度裡所賜的工作：有使徒、有先知、有傳福音的、有牧師和教師，為要成全聖徒，各盡其職，建立基督的身體。所以只要一心「以神為中心」而活，不論在神國度中擔當任何職份，包括禱告勇士在內，只要願意將自己獻上的基督徒就能結實。

▶信的真諦在於堅信

說明堅信的內涵以前，務必要先指出的一點是，聖經提到那些關於「信」的字眼，像是「不要怕，只要信」或「神愛世人……，叫一切信祂的，不致滅亡，反得永生」等經文，說的都是堅信而非相信，一字之差，境界卻差很多。

此外，像是經文「在信的人，凡事都能」所指的信，對象是神，不是我們自己，凡事的定義也是指符合神旨意且是神國度計畫一部分的事，不是自個兒的事；同理，「凡你們禱告祈求的，無論是什麼，只要信是得著的，就必得著」、「在無可指望的時候，因信仍有指望」經文當中的祈求、必得著、有指望等字眼，指的也都是關乎神國的計畫。

若是沒有事先釐清聖經對信的定義，基督徒很容易就會對神感到失望，以為神說話不算話，殊不知問題其實是出在自己的信心層次太淺，沒有達到神眼中的標準，當然也就得不到祂的應允了。

對神來說，相信、信任這兩者和堅信最大的不同在於，前兩者是以自己的國為中心，堅信是以神的國為中心；前兩者是想祈求神的福佑，堅信卻是要願意為神的國付代價，甚或是冒險。

不冒風險就不叫信心。我常會跟來上課的學員們說，真正的信心就是，即使知道某件事情用神的方式去做會付代價，還是選擇遵守祂的指示。而且好消息是，**只要你願意勇敢踏出第一步，神就會跨越其餘的九十九步來會合，一起成就祂的旨意。**

堅信的人，雖然會蒙受比較多來自神的試煉，但相對也比較有機會獲得來自神的賞賜。想要得到神的賞賜，條件有三：(1) 賞賜是依據神的旨意，而非人的私慾；(2) 賞賜是屬神國度計畫的一部分，不是人自己的計畫；(3) 行事為人必須完全順服神的指令，不是自己的意思。

常常我們會說：「我不明白為什麼神允許苦難來侵襲我？

神為什麼領我走這樣曲折的道路？我視為美好的計畫為什麼還要受到挫折？我如此急迫的需要，為什麼拖延這麼久還未來到？」實際上，不用明白神對待我們的方法，神不盼望我們能明白，只要堅信有一天神必帶我們走出困境中，就會看見神的榮耀。

正如同亞伯拉罕不明白為什麼神要把祂賜給他的獨子獻為燔祭，但是他因著堅信就看見了神的榮耀，並知道自己是信心之父；摩西不明白為什麼神要他在曠野隱居四十年，但他堅信，所以當神呼召他是帶以色列人出埃及的先知時，他就看見了；約瑟對於哥哥的殘忍、對於一個潑婦的假見證、對於多年不公正的監禁都絲毫不明白，但是他堅信，最後他在看見神的榮耀中成為以色列人入埃及的先導。

我自己亦是如此。雖然一度不明白，為什麼神要讓我在創業十年當中，連續失利十次，但我仍然堅信，當神將我從困境中領出，進入到人生下半場使命時，我就看見神的榮耀。

▶堅信的行動，可以顛覆世上排序

堅定的信心帶出實際的行動，還可以幫助我們顛覆世界上的排序，因為唯有如是的信心，才能感動神超越自然界的規律，以及顛覆世人的理性思維，進而成就神的大事。

什麼叫做世界上的排序呢？這麼說好了，我常把人生比喻成作文，在每個人各自表述的情況下，根本沒有所謂的 100分。一般人從世俗的角度來衡量人生，大家的分數也都差不

多，可能你得 70 分、我得 65 分，總之，滿分是不存在的，只有表現很壞的才會不及格。

但神的原來設計並非如此。智慧及意念高過我們的神，擅於打破固有的思想框框，讓人驚訝不已。在祂個別獨特的評分標準下，我們可以得 100 分，也可能不及格。在至善的神面前，我們原本都是不及格的，但神藉著我們相信祂而和我們和好（因信稱義），只要持續不斷堅信祂並以「神為中心」來生活，祂就可以給我們 100 分的生命，意即可以**從祂那裡得到不斷改變的生命**。

舉例來說，也許有人以前生活一團糟，達不到社會所謂的成功人士標準，但神看到他因接受了新生命，生活上的行為持續出現改變，就慷慨地給他 100 分；相較之下，有些社會大眾眼中的成功人士，神因看他毫無憐憫人的心，其行為與他所得到的恩惠並不相稱，就給他評了不及格。

從聖經人物亞伯拉罕為什麼被神呼召，以及呼召的過程中，便可幫助我們多瞭解這位高深莫測的神的心意。

在進一步分享亞伯拉罕的故事之前，我想先讓大家明白的一個概念是，其實神啟示的聖經，不是記載神如何解決我們的問題，而是記載祂如何解決自己的難題。神原本是沒有難題的，只是出於神對基督徒的愛，在解決難題的過程中，神允許有信心的人參與，但在整件事情中，神是主角、人是配角。

神的難題是什麼？

1. 處置那些不信祂、不想認識祂、不愛祂、不順服祂的人類。

2. 拯救那些信靠祂、想認識祂、愛祂、順服祂的人類。

換句話說，神在處置不信祂的人的同時，也在策畫如何拯救那些信靠祂的人類。聖經上記載，神處置人類的關鍵事件列舉如下：

1. 亞當不信神，神把他趕出伊甸園

2. 該隱殺亞伯，神讓塞特代換亞伯

3. 全人類敗壞，神用洪水滅絕

4. 巴別塔人自立為王，神利用變動口音，使人分散全地

這些事件過後，神決定要透過另外一種方式來繼續解決自己的難題，就是選擇一個極弱小的民族來幫祂解決難題，而且在選擇這個民族之前，神還要先選對這民族的始祖。神甚至指出，自己與一個家族的祖孫三代關係密切，這三代分別是亞伯拉罕、以撒、雅各。

透過聖經的查考可以發現，神不只選擇弱小民族，還選擇當中的平凡人，因為他們沒有特殊的能力及特別的成就，也都是當時最被人看不起的牧羊人；他們在道德上也不完美，曾經說謊、犯錯、欺騙、重婚、家庭不和；他們在個性上都有嚴重缺陷，像是軟弱、膽小、沒有主見；此外，他們也不是好丈夫和好父親的榜樣。

說到這裡，大家可能會感到疑惑：神是不是搞錯了？還是我們不明白神的苦心？其實真正的關鍵就在於，因為無論是亞伯拉罕、以撒，還是雅各，都擁有一個不尋常的信心，正是這突出的優點，被神視為與眾不同的珍寶，因而成為被揀選使用、成為不平凡的人。在他們經歷神後，生命必然改變，而

帶出更高的品格。

1. 信心讓他們可以跟神稱兄道弟

聖經上說：「亞伯拉罕信耶和華，耶和華就以此為他的義。」神將亞伯拉罕的信心算為他的義，以撒也有這個信心，雅各也是一樣。耶和華也曾對摩西說：「我是你父親的神，是亞伯拉罕的神，以撒的神，雅各的神。」神欣然冠他們的名字來稱呼自己；在聖經中，神也稱亞伯拉罕是祂的朋友，也就是說，神竟然將自己跟他們放在同一層次。

2. 信心可以助神，行神蹟做奇事

全能的神做任何事，不需要人的幫助，但神選擇有不平凡信心的平凡人，來成就神國的事，是為了榮神益人。這三個人顯然不是天生就得到神的恩寵，而是因為他們對神的信心，神因此主動而無條件的親近他們；神會眷顧有信心呼求祂名的人，也會特別看重他們，因為祂能透過他們完成永世救人的計畫；神能在信靠祂的人身上行神蹟奇事，**神選擇有不平凡信心的普通人，而不是自認是好人及有能力的人，是為了榮耀神而不是榮耀人。**

▶神的主權及人的使命

是故，聖經中神的旨意有兩種：(1) 神命定的旨意，(2) 神希望的旨意，並在兩者互動互補中完成神的計畫，因此在整本聖經中，有一半的經文是說到神命定的預定論，又有另外一半的經文是提到，神希望人具備的自由意志。

A. 神命定的旨意（Determined Will of God）──主權性

・必然會發生、無條件、無法改變，而且必帶有目的

・難以預料、無可避免、更重要的是帶有神秘色彩的

・如：出埃及、過紅海、耶穌受難、耶穌再來

B. 神希望的旨意（Desired Will of God）──使命性

・不是無可避免的、可發生也可不發生，但不影響神命定的旨意

・我們可以選擇不做，也沒帶神秘性

・神希望的旨意是我們可以找到的，我們藉著信心從聖經及禱告中找到它

・因為神愛你，並且要拯救你，所以他讓你去找到他的旨意

相較於神命定的旨意，神所希望的旨意是給人一個與神同工的機會，以及其堅信所帶出來的信心行動。一個堅信者在面對惡劣的狀況時，會將神放到自己與狀況之間，直接通過神來看到環境，並從每一件事中看到神的作為，所以在堅信神的應許中，仍能照神的旨意前行。甚至於，還會在實踐神旨意的過程中告訴自己：「這件事是神要做成的，必定是對我有益的。」因此**堅信亦是放棄自己的一切想法和作法，而接受神的一切帶領。**

▶堅信，帶出天國的價值觀

聖經中有一個葡萄園工人的比喻，透過這個故事我們可以看到，神用來對於人的獨特評分標準，便是信心（指堅信）。

聖經上說到一個家主（神）雇人進他的葡萄園（神的國）

做工，其中有四批人在四個不同時間點進入園中工作，每批工人都忠實、努力地在園中工作，到了晚上六點給他們工錢，主人卻先給後來的人一錢銀子（每日養家所需），及至那先來的，他們以為必要多得，誰知也是每人各得了一錢銀子。先來的人就埋怨家主不公平，家主回答說：「朋友，我不虧負你，你與我講定的不是一錢銀子嗎？拿你的走吧！我給那後來的和給你一樣，這是我願意的，我的東西難道不可以隨我的意思用嗎？」

我們試著以當初雇用工人時的雙方對話，來明白主人（神）做出如此不公平決斷的原因。

■**相信級的信心：早上六點。**雇人進葡萄園做工，「講定一天一錢銀子」，這一批工人與家主斤斤計較，必須要有合同（眼見為憑），顯示出：

　1. 工作態度——不信任神

　2. 工作目的——為我的國度（指當時一般的猶太教徒），即我先神後。

■**信任級的信心：早上九點及下午三點。**對閒站的人說「你們也進葡萄園去，所當給的，我必給你們」，這一類工人必須要有答應（口說為憑）方工作，顯示其：

　1. 工作態度——對神半信半疑

　2. 工作目的——有時為己，有時為神（指當時的法利賽人、祭司、文士），有時我先神後，有時神先我後。

■**堅信級的信心：下午五點。**沒有人雇用，當主人說「你們也進葡萄園去。」沒有合同也沒有答應報酬就願意去工作，

顯示其：

1. 工作態度——完全信任神

2. 工作目的——為神的國度，懷抱感恩（指當時信主的中、下階層猶太人），神先我後。

綜合上述的對話便可理解到，這家主（神）顛覆世界上「同工同酬的勞資關係」，祂的獨特評分標準叫「信心」。而且如同聖經上所言，「在前的要在後，在後的要在前。」信心是最難以自誇的，信心也是重新排列原本在世上先後次序的天國價值觀。

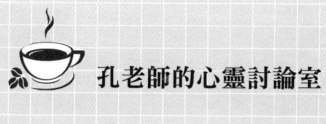 **孔老師的心靈討論室**

Q1：

評估自己信心的等級，並深思「撒種的唯一目的是結實」，這結論如何衝擊並激勵你？

Q2：

討論並分享「信的真諦是堅信」，這句話你的認同是什麼？

Q3：

神的「獨特評分標準」對你有什麼啟發嗎？

4

| 卓越關係：第一與唯一 |

跟隨熱情，活出個人的獨特性

平庸比失敗還可怕。

✳

在我輔導的經驗當中，聽過不少人會抱怨說，對公司的貢獻那麼大，為什麼升遷卻不是他——身為某公司華裔主管的 Joseph 就是一個例子。

有次碰面，Joseph 忿忿不平地告訴我說，公司所有收入都是從他管的技術產品而來，卻沒有在改組後提升他的職位，「難不成是美國人對我是華裔身分的歧視？」他不禁感到懷疑。

我同樣是華裔美國人的背景，所以希望 Joseph 不要先入為主的將種族歧視當作擋箭牌，而應從更深的層次反思，試著依據過往經驗為他一步步分析說：「你想想，照你跟我說的前因後果，在公司改組之前，一定要有人：

1. 先意識到市場改變，並從中找到規律；

2. 按照新規律為公司制定新的願景和策略；

3. 同時進行必要的組織重整；

4. 進用更為合適的人才；

5. 等新市場負責人到位，將符合市場潮流的產品規格定出

來之後，才會交由你的部門去執行。」

「換句話說，相較於你只需要用**知識來執行確定的任務**，前面五個從無到有的步驟，靠的卻是能夠從**不確定中找出規律的本事**。」

我想傳達給 Joseph 的觀念是 —— 解決確定狀況中的問題，靠的是知識；解決不確定狀況中的難題是要靠本事。本事的養成得要有熱情的支撐，所以要成為一名卓越的工作者，熱情和本事缺一不可。

「原來如此，謝謝孔老師的提醒，我從來沒有以這樣的角度去想事情，」恍然大悟之後，Joseph 也給了自己這樣的期許：「未來我也會努力培養從不確定中找出規律的本事，相信如此一來，就不會再錯過晉升的機會了。」

「好，祝福你。」我也送給 Joseph 深深的祝福。

• • • • • • • • • • • • •

世界商界對華人普遍有一些刻板印象。正面印象是：聰明、工作努力、有企圖心、專業能力強；負面印象則是：只顧自己、缺乏好奇心、人際關係差、溝通能力弱、沒有商業頭腦、難以信賴。

綜合前述的這些正反面印象，加上以前接觸華人工作者的經驗，我個人得出了一個結論，就是華人總給人「**平均平庸**」此一先入為主的形象。

1. 雖然聰明（知識有餘），但實質創新能力不足（本事不足）

2. 工作努力（為己），但只顧自己（功利）

3. 有企圖心（要更高職位），但溝通能力弱（影響力弱）

4. 有企圖心（只會做事），但人際關係差（不懂做人）

5. 專業能力強（只知片面），但沒有商業頭腦（不懂全面）

6. 專業能力強（自以為是），但難以信賴（難擔大任）

本文一開始的 Joseph 就是因為專業能力強、但沒有商業頭腦的例子。

▶抹殺熱情和好奇心的教育方式

不知道大家有沒有注意到，現在有很多八〇和九〇後的學子，明明高中的時候成績很好，上了大學之後卻無以為繼。

究其原因，其實是出在國、高中時期有明確的學習方向，加上有老師逼著念書，成績自然維持在一定的水準。但念大學就不一樣了，在沒有老師強力督促下，還要學著克服把知識轉換成本事所遇到的挫折，很多學子常常讀著讀著就迷失了，不知道自己讀書是為了什麼？更別說要有熱情了。

我曾經聽過一個例子是，有個將近三十歲的年輕人，中學時期成績優異，就讀大學時轉了三個學院外加休學兩次，把原定四年學制的大學念成九年，最後還是沒能順利畢業，白白揮霍了大好青春。

華人學子之所以平均平庸，多少跟：(1) 急功近利的社會文化，以及 (2) 灌輸知識的教育方式有關。

■急功近利的社會文化，抹煞了熱情

絕大多數華人的文化大多鼓勵學生要追隨權威思想，進而形成一種從眾和跟風文化；再來，當學生被教育成一生只崇拜權力和金錢，並成為它們的奴隸時，其實也就等同於抹殺自己內心的熱情。

追求急功近利的結果，使得很多人在就讀中學的時候，與考大學無關的東西就不學，上了大學，與就業無關的知識就不問；進入職場後也是一樣，跟生計無關的事就不做，跟升遷無關的討論也不管。

這些行為看似無關緊要，卻可能影響一輩子。當一個人的眼睛總是盯著眼前的外在事物看，便容易隨社會的主流意見起舞，聽不到自己內心的熱情呼喚；當一個人只懂得自掃門前雪，不了解應該對團體擔負什麼責任，便注定人生平庸，難以出頭天。

■知識灌輸的教育方式，抹煞了好奇心

在東方填鴨式的教育體系下，考試常常不是「是非題」就是「選擇題」，並不鼓勵學生培養嚴謹的獨立思考。再加上，很多華人父母擔心孩子輸在起跑點上，很早就開始把孩子送去補習班，孩子被一堆課業追著跑，為求過關，就變得只追求標準答案，失去探索知識的好奇心。

關於學習，最理想的一種情況是，應該從小就讓孩子動手做自己喜歡做的事情，學習如何手腦並用。於此同時，也要學習一些素質修養的課，才會懂得如何尊重他人，以及如何成為

團體中的一份子。

　　太早背誦知識，容易造成腦筋的固化，為了升學而唸書，更是無法讓人體驗到學習的樂趣；況且教育的最終目的，不就是要激發學生主動學習的精神嗎？無怪乎，很多華人出了校園就不讀書。一個無法靜下心來好好讀書的人，只會愈來愈疏遠自己的靈魂。

　　所以總結來說，華人雖然工作努力，但功利文化使我們失去熱情和不顧團隊；華人之所以學不會解決難題的本事，以及實質的創新能力，原因在於：沒有在做符合本性的熱情的事，以及只求標準答案的學習而失去了好奇心。

▶兼具熱情和本事，方能邁向卓越

　　為了將前述的反思，帶入更多華人的思維當中，近來從事職場輔導，我常跟前來聽課的學員們討論，該怎麼有效結合他們個人的熱情和能力，進而在工作上有所突破。意即，如何透過做有「熱情」的事情並學會把知識變「本事」，來活出每個人的唯一獨特性，向來是我從事一對一輔導的重點。

　　聰明人很會運用知識，但只會解決一般性的問題，有智慧的人是懂得把知識操練成本事，藉此解決別人解決不了的難題。而仔細觀察世上那些有所作為的人，通常都是同時具備了熱情和本事這兩項條件，甚少例外。

　　在進一步說明熱情和本事的重要性，以及該如何養成之前，我想先透過圖 1-4 來協助大家認識，熱情和本事之高低所

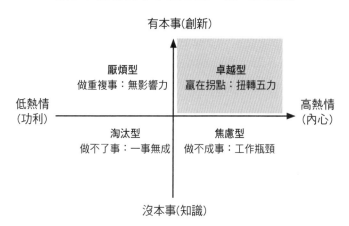

圖1-4 熱情與本事組合出四種工作型態

組合出來的四種工作型態。

　　首先，落在沒本事又低熱情象限的人，我稱之為「淘汰型」（low IQ）。這樣的人不僅在工作上找不到熱情，也不願花時間好好在本業上力求精進，萬一碰上公司進行改組或縮編，優先淘汰的就是這類型的員工。相較之下，沒本事卻高熱情的人，因為空有企圖心卻遲遲做不成事，經常處在不知所措的焦慮狀態，因而稱之「焦慮型」（low EQ）。

　　倘若一個人空有好本事卻拿不出熱情，同樣很難在職場有什麼好表現。這樣的人容易出現工作倦怠，或對老闆指派的重複工作內容感到厭煩，因而成了名符其實的「厭煩型」（low XQ）。

　　就我的觀察看來，華人教育體系下做得較出色的就是這一型。在技術強卻毫無職場影響力的情況之下，這樣的人通常只

會愈來愈憤世嫉俗，覺得公司虧待自己，因此就更不可能激發出什麼工作熱情，自此陷入惡性循環。

最後要介紹的是「卓越型」（high XQ），亦即同時兼具高本事和高熱情的人。該類型無論是在做人或是做事，都予人得心應手的感覺，而且無庸置疑，落在這個象限的人，都是在各領域中的菁英份子。可惜的是，對比時下許多年輕人大多落在「淘汰型」，以及諸多華人是落在「焦慮型」，其次是「厭煩型」，實際符合「卓越型」定義的人，還真的是寥寥可數。

▶如何虛心學習以培養正面企圖心

一個人有企圖心是好事，但以功利為出發的企圖心就變成是不好的，也就是我所稱的「負面企圖心」。至於要如何區分正面企圖心和負面企圖心？透過下列的比較就很清楚了。

■正面企圖心——追求成就感、卓越感
- 做一件有意義的事：工作、事業就是你的命定
- 做事目的是：養家維生、創造價值、服務他人、貢獻社會、榮耀神、完成夢想
- 副產品：財富、地位、聲望、屬神
- 正當方法爭取、神允許且祝福

■負面企圖心——只求成功的快感及成功的成果
- 急功近利：凡事喜歡搶，從頭搶到尾

- 不擇手段：能透過關係辦成的事，絕不通過正當途徑
- 失去平安：計較的不是不公平，而是自己不是受益者
- 負面企圖心的結果：溝通失效，並難以建立健康的人際關係

接下來，我將針對負面企圖心所造成的溝通能力弱和人際關係差，逐一做更詳盡的說明，並幫助大家如何培養成具有影響力的領導者。

■溝通能力弱

一位在製藥公司的經理，十八個月內被上級調了四個單位，而且愈來愈偏離專業領域，她仍然一味地順從公司的安排，毫無自己的想法及計畫。於是在聽她講了幾分鐘之後，我便問她：「妳有想過自己要的是什麼嗎？」結果，她才坦承說，正因為不太確定自己要的是什麼，加上不擅長跟人溝通表達自己的需要，尤其是上司，她才會落得只好任人擺布的局面。

想一想，你或你周遭的朋友，是否也正陷入類似的景況當中呢？若是渴望提升自己的溝通能力，不妨嘗試以下這些方式。

1. **多聽少講**——讓對方先講，然後問好的問題繼續下去，要他人對你產生信任和溫暖之前，對方要先感受到被瞭解、被尊重，這需要好的分享時間作為基礎。

2. **積極聆聽**——專心聽別人說話，彷彿這世上再沒有其他的事比聽他說話更重要了。常打斷別人說話，會給別人留下惡

劣的印象。

3. **用正面肢體語言**——你的手勢、表情以及音量必須要正面到吸引住對方，要眼對眼、用熱情的音量、不要叉著手臂，以及坐姿要傾向發言者等都是正面的肢體語言。

4. **別回應電話及其他人**——最令說話者受不了的是，在言談中你東張西望、心不在焉、滑手機、接電話、與別人打招呼。

5. **做足功課**——人們會驚喜你事先知道他們的事而不需要再講，這尤其是在工作面試，以及與顧客的第一次見面會議中，這更加深了別人對你的信任以及能力的認可，因為你證明了你的主動性和責任感。

■**人際關係差**

一位在 IT 界有二十年經驗的資深華人工程師，急著想加入跟機器人、大數據或新創公司的領域，但面試了十次都沒有被錄取。我一問之下才知道，雖然他在過去學了很多東西，但都不精，工作很努力但也只顧自己，以至於人際關係並不佳，造成轉職困難。

另外我也曾經遇過一個當技術主管的人，每天只知道指揮下屬將業績做好，忽略了要如何激勵部屬和增進彼此的關係，以至於被降級還渾然不知問題出在哪裡。

我會舉這兩個例子，是因為他們凸顯出大多數華人的一個通病，就是專業能力很強、人際關係卻很弱。至於要如何提升自己與他人之間的互動技巧，我也試著做出下列歸納，供大家參考。

1. **人際關係**：人生是由關係組成的，無論是和自己的關係、別人的關係，還是和神的關係。對企業來說，人際關係的培養愈發重要，因為一旦沒有了人，企業也就無從運作了。除此之外，有良好的人際關係，也才會有幸福的家庭、融洽的團隊、虔敬的教會、蓬勃的企業，甚至是美好的人生。所以，真正偉大成功的領袖，一定都有維繫良好關係的技能。

2. **瞬間判斷**：無論是在電視上看到一位候選人，或遇到新來的同事，我們的頭腦會在一瞬間做出對此人的判斷。普林斯頓大學的研究報告指出，人與人在相遇的幾秒鐘內就會判斷出此人是否：值得信任（trustworthiness）、有否有能力（competence）、可喜程度（likability）。

3. **第一印象**：哈佛大學的心理專家研究第一印象超過十年，他們發現，我們在瞬間對其他人的判斷，是要回答兩個基本問題：我是否可以相信此人？我是否可以尊重此人的本事？

4. **有何意圖**：研究報告指出，80% 到 90% 的第一印象是在潛意識中探詢：基於上述的兩個問題後，接著確認，我是否相信此人對我有好的意圖？

5. **信任第一**：我們華人通常以為能力和本事是最重要的因素，因此我們總是在與別人相遇時顯露這個特質，然而，研究成果指明信任是最關鍵的因素。亦即，要別人關注你的能力之前，必須要先能相信你；失去了信任，人們對能力感知反而是負面的。

6. **欽佩還是威脅**：一個熱心又有本事的人，很容易能引起人們的欽佩，但前提必須先贏得別人的信任，你的能力才會

圖1-5 華人的職業瓶頸在於低熱情、沒本事

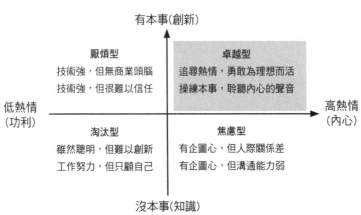

有本事(創新)

厭煩型
技術強，但無商業頭腦
技術強，但很難以信任

卓越型
追尋熱情，勇敢為理想而活
操練本事，聆聽內心的聲音

低熱情
(功利)

高熱情
(內心)

淘汰型
雖然聰明，但難以創新
工作努力，但只顧自己

焦慮型
有企圖心，但人際關係差
有企圖心，但溝通能力弱

沒本事(知識)

是受人歡迎，而非令人感到威脅。假如你想要影響不相信你的人，不僅會難以成事，還可能會引起對方的反感——對方會懷疑你的意圖，甚至裝出表面上尊敬你，實際上卻不喜歡你，因為你總是想要控制人。

綜上所述，再來看圖 1-5 這張熱情與本事的象限圖，便可發現：聰明但難以創新和工作努力但只顧自己的人，會落在左下角的淘汰型。有企圖心，但溝通能力和人際關係皆差的人，就會落在右下方的焦慮型。技術強但無商業頭腦、很難以信任，就會落在左上角。至於如何進入卓越型，就是接下來要探討的重點。

▶十倍速時代需要 XQ，才能贏在拐點

這是一個十倍速、講究 XQ（變商）的時代，不只成功的

速度比以前快十倍，失敗的速度亦是如此。十倍速是指在同樣的時間內，變化的速度比以前快了十倍。X 是指未知數，XQ 是面對未知的不確定中把事情做成的能力。

在此一趨勢之下，傳統華人教育主張的 IQ（智商），以及後來一些學者推崇的 EQ（情商），都已不足應付十倍速時代的需求——其需要的頂級智慧是 IQ + EQ + XQ。同樣地，想在十倍速的時代勝出，重點不是贏在起點（靠資格、學歷、經驗、知識、證照等坐而言的能力），而是贏在拐點（靠能力——在關鍵時刻的扭轉力等起而行的能力）。

換句話說，身為現代人的你，若是未能及時培養出我在《贏在扭轉力》提出來的五力：眼力、魅力、動力、魄力、德力，藉此解決難題超越逆境，以達終點的話，那麼可能終其一生都在起點做準備，因為只要在參賽中遇到困境，就又會回到起點（例如，回學校進修），永遠抵達不了終點。

愈是變動的年代，愈需要 XQ，也唯有 XQ 能凸顯出人與人之間的專業差異，為了讓大家更理解這一點，我講一個經常在課堂上分享的故事。

有一個換心的醫生，他的汽車壞了，在給車廠機械技師檢查過後，發現是車子的引擎故障了，必須更換一個又新又貴的。沒想到換心醫生得知後，二話不說就請機械技師立即更換。

機械技師有些不解，心想一個引擎所費不貲，一般人通常都會評估許久，眼前這位客戶卻沒有，想必應該很有錢，便問：「先生，請問您是做什麼職業的？」

　　獲悉客戶是換心醫生之後，又問：「汽車最重要的零件是引擎，如同人最重要的部位是心臟，一樣都是在更換最重要的部分，為什麼你的收入是我的十倍呢？」

　　換心醫生想了想，便回答技師說：「這樣好了，你試著在引擎還在動的時候，把引擎換下來看看。」

　　換心醫生強調的是，機械技師在更換引擎時，可以先讓車子停止運轉再換引擎，而且一次換不好，還可以再試好幾次，甚至停下來，到網路搜尋如何克服更換過程中遇到的難題；所以那是一個靜態的能力。相較之下，換心醫生卻必須在病人還活著的狀態下，把心臟換下來、再裝上新的，這就代表 XQ 和 IQ、EQ 不同的地方。

　　經常也會有人問我，當初是如何從初級工程師做到總裁，是遇到特別好的機會嗎？對此，我都回答說：「我是靠著 XQ，也就是贏在拐點而勝出的。」

　　神通常都是藉由生命當中的重要轉捩點，也就是我稱之的拐點，來邀請我們重新省視人生。回想一下，過往的人生是否曾出現過下列時刻：

　　1. 面臨人生重大改變而不知所措的時刻

　　2. 一件事情拖延已久，而不得不做決定的時刻

　　3. 遇到不可能解決的難題，卻必須立刻做決斷的時刻

　　4. 無辜遭受悲劇或是被人無理的批評、指責的時刻

　　5. 祈求未蒙應允或承諾被延遲兌現的時刻

　　6. 身為基督徒，照神的旨意或聖經原則去做，結果卻更糟的時刻

圖1-6 拐點是決定勝敗的定義時刻

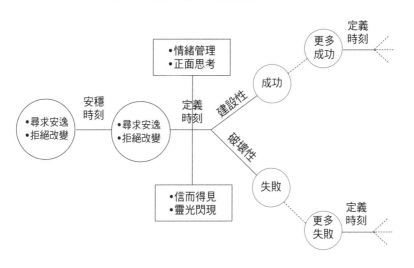

　　拐點，也可以說是個人重新定義人生的時刻。這種定義時刻跟一般時刻不一樣，是因為那個時刻所發生的事情或所做的決定，幾乎左右了接下來很多事情的發展和結局。一旦做出對的選擇，人生可能因此一躍而上；反之，若是不小心做錯選擇，人生可能從此一蹶不振（請見圖1-6）。

▶追隨熱情和操練本事，缺一不可

　　想要贏在拐點要具備 XQ（變商）──變商的培養在於追尋內心的熱情，以及操練專業的本事。向來就勇於跟隨內心熱情的我，一路走來又是如何憑藉著熱情的指引和支撐，慢慢累

積出在電子通訊業的實戰力呢？

1. **勇於離開學校**：一九七四年，在美國羅格斯大學的指導教授兼系主任很高興地告訴我說，已經申請到全額獎學金，希望我直攻博士學位。面對這麼一個華人留學生爭相搶破頭的機會，我卻想都沒想就直接回絕了，即使系主任祭出「不幫忙寫工作推薦函」的殺手鐧，我也絲毫不動搖。

當時我心想，從小學到研究所都已經讀了十八年的書，繼續深造攻讀博士學位的意義是什麼呢？更何況，比起專注在學校的課本知識，我更渴望的是進入工作場域，藉由實作的方式進一步探索內在熱情。

2. **轉調找到熱情**：這也是我在進入到 RCA（Radio Corporation of America，美國無線電公司）工作，短短兩年時間就主動轉調了三個部門，因為我在找熱情。第一個部門做的是產品工程師的工作，第二和第三個部門做的事情比較偏設計，一個是電路設計、一個是系統設計。

每當有人跟我說找不到熱情時，我都會請他們做組織內調，因為我自己就是換到設計部門之後，才發現那正是我喜歡的。若是以內在熱情再作篩選，我又偏好系統設計多一點，原因是我很熱愛做最新的產品，以及挑戰最難的技術。

3. **進入管理領導**：因著這樣的一個自我探索和學習過程，我內心的熱情指標愈來愈清晰。第一，我非常肯定自己喜歡設計；第二，我發現自己傾向挑戰最新最難的技術，以期凸顯個人優勢；第三，我渴望自己所做的事情能產生最快最大的影響力。

　　這三大熱情指標確立之後，我的本事養成道路該怎麼走？其實已經非常清楚。比方說，從事系統設計的工作雖然滿足前兩項指標，卻與第三項指標背道而馳，因為一個產品從設計到生產、銷售，乃至於貨款的進帳，通常得花上一年半的時間，這對我來說太慢了。

　　管理就不同了。我發現自己無論身處哪個團隊，我的熱情都渴望以最直接且最快的方式，協助團隊突破困境並且邁向卓越。再加上，我所謂的設計並不限於產品（專業者），也包含了做經理人時設計團隊的作戰能力，以及做高層領導和企業家時，設計出一個對的商業模式，因此很明顯地，擔任經理人及領導者亦是我的熱情所在。總結我追求卓越的關鍵：

■追尋熱情，就是勇敢為理想而活：找到唯一

　　1. 不要追求功利：往往我們認為成功人士是贏在起跑線上，像是先天的條件、學歷、資格、認證，從小就為追求共同的目標而不斷地努力奮鬥，甚至不擇手段，從外在追求認可（遇到紅海）。

　　2. 而是尋找熱情：真正的成功人士只是勇敢地為自己夢想去活，總是去做原創的事，即便在自我害怕、沒有其他人看好的情況下依然前行，藉此培養後天解決難題的能力，從內心感受平安（找到藍海）。

　　3. 懷有崇高理想（意義）：這是一生的追求，他（她）們的真正動力來自於過程中的成就感。

■操練本事，就是聆聽內心的聲音：做到第一

1.特立獨行（貢獻）：這些尋夢者、生存者成為創業家、投資人、領導人，他（她）們總是以自己的獨特方式發現新事物、新方法來改造世界。

2.創新創意（價值）：並非與生俱有，它們來自於不停地努力，以及不斷地學會去做困難的事。

3.內心指引（命定）：人生的價值在於創新，最好的創新必然來自內心的熱情，熱情必然是上蒼所賜的才幹、資源、機遇以及你獨一個性的融合體，成功者必時時聽懂自己內心的聲音而不理世界的咆哮。

▶十倍速時代，企業、教育、個人如何因應？

二十一世紀的企業，亦是一個十倍速的企業。在十倍速的時代，沒有一個企業還有時間是從 A 做到 Z，而是要借力使力。二十一世紀，全球有很多閒置的資產、有剩餘的人力、有免費的信息、有便宜的資金，這些以快速無形方式一直流動著，也是大家可以共享的資源（共享經濟的時代）。

一個能夠抓到共享經濟趨勢的企業，就能夠成功。以 Uber 為例，他們當初之所以發展出這個共享經濟，是認為大城市中永遠都有需要搭車的人，也永遠有空閒的司機和汽車，Uber 的經營者只要把這兩方湊合起來就好，不需要去購買計程車也不用自雇員工，這是一個很棒的想法，也因此打造出一個全世界最大的計程車公司。

　　還有一個很好的例子，就是 Airbnb。他們也是看到全球有很多閒置的房地產，跟希望低價旅遊的人，所以同樣地沒有買過一間酒店，也不需要招任何酒店的員工，就成功創造出一個全世界最大的旅館。

　　無論是 Airbnb 或是 Uber，這一類的企業在當今的市場裡面，都不是用產品來競爭的，是主動創造出一個具有前瞻性的明日市場。也因為這樣，它的組織架構不是垂直統一，而是虛擬整合的，不需要知道員工在哪裡，更無須去管理，所以企業的經營也不是靠傳統的規則和級別，而是願景和價值。

　　由此便不難想見，這些能夠在二十一世紀勝出的十倍速企業，也會是一個獨角獸企業，分別在各領域取代二十世紀的傳統企業。

　　譬如說 Google 用網絡的訊息來代替實體的訊息，別人從它這邊可以找到很多資訊，就不用去買很多書及報章雜誌，實體的廣告也變成虛擬的廣告；電話本來的目的是要傳話，但 Apple 把語音取代掉，因此經常可以看到拿著 iphone 的兩個人，即使面對面也不太講話，而是透過傳信息的方式溝通。

　　還有一些其他例子，像是網路商店 Amazon 取代實體商店；FB 取代實體關係；阿里巴巴的支付寶也開始要取代銀行，因為還可以提供貸款；騰訊就取代郵局和電信公司；Uber 取代計程車；Airbnb 取代酒店。這些都是非常令人震撼的事情，也是十倍速時代帶來的結果，在這樣的趨勢下，企業評估員工價值的方式，除了要求具備解決問題（IQ、EQ），同時還要有應變的能力（XQ）。以下是我提供的幾點反思：

1. 企業界要反思的是：拚苦工還是贏特色？

許多華人企業為何總是很會做苦工但賺不到錢？中國企業如何走出抄襲跟風？同行同業因為彼此抄襲、削價競爭，最後都難以生存。身處十倍速時代，企業必須要有特色和獨學，才能創造新穎的產品與服務，因此要反思的是，如何專注於最有創意的 5%，其他部分則採取借力使力的方式，意即華人企業要走出必須有工廠製造的迷思，不要從 A 做到 Z。

2. 教育界要反思的是：要好成績還是有熱情？

為人父母者應如何協助子女？仍是不斷地補習、補習、補習，如填鴨般地灌輸各種知識給孩子，還是適時培養孩子獨立應變的能力？因此父母或教育界要反思的是，如何訓練孩子獨立思考能力？孩子一旦學會了獨立思考，未來遇到各種挑戰時，也不需要因為教科書沒有教，而在害怕中束手無策，他（她）能自己思考找出解決方法。

3. 工作者要反思：求資格還是靠能力？

職場上的專業者或經理人，是要繼續不停地考取各種證照或攻讀更高學位，還是專注培養自己獨立應變的工作能力？因此鼓勵工作者要反思的是，能不能發揮創意，將動輒幾百字的履歷表濃縮成不到三十個字，就能清楚地將你的特色、能力、個性，栩栩如生地展現在考官眼前，而且還令人印象深刻？別說不可能！在美國就有人這麼做過，還因此得到一份好工作。

對一個想法僵化、不會去思考解決方法的人來說，很多事情都會成為不可能，但其實根本不是不可能，只是自己認為不

可能。無論你願不願意去改，我相信未來的公司應聘重點都會在於能力及特色，而不在於資格及經驗。

　　最後，重申三個重要觀念作為本文的結束：(1) 不要爭著去做相信「權威」，而要執著堅持地活出自己的「熱情」；(2) 做一個跟隨熱情、學通本事、贏在拐點的自由人；(3) 我該做什麼是由神來決定。只要能實際遵循這三點，相信大家一定都能夠做到拒絕平庸，活出自己的第一與唯一。

孔老師的心靈討論室

Q1：

在熱情與本事所組合出來的四種工作型態中，你是屬於哪一種？你最想成為哪一種？如何可以做到？

Q2：

對於華人教育文化，你有什麼樣的看法？試著分享從小到大的教育和學習經驗，並說說那樣的教育如何影響後來的你？你應如何改變？

Q3：

對於文中所提到，十倍速時代底下，企業、教育、工作者應有的反思，你的想法是什麼？這樣的反思帶給你什麼啟示？

智識需求

求知篇

1

改變學習方式，讓工作無往不利

知識是坐而言，技能是起而行。

✳

時隔四個月，這是我們第二次進行輔導，我明顯感覺到 Jacky 是迫切期待這次的會面。

「孔老師，您可終於來了，我盼著要跟您見面盼好久啊！」接著，Jacky 將積壓在心裡好一陣子的苦悶，全都傾洩而出：「如同先前跟您提到的，我決定加入一家新創公司，目前也已經待上兩、三個月，起初適應情況很不錯，但第二個禮拜開始，看大家各忙各的，我卻不知道該主動為公司做些什麼……」

Jacky 是一位新創公司的高階財務主管，跳槽之前，在原公司負責的是會計工作。雖然在原來的舒適圈待得很安穩，工作表現也屢受肯定，但心中總有一個聲音催促著，要他學習聖經中的西門彼得一樣「將船開到水深之處」。也因此，他才會在我的鼓勵下幾經思索後辭掉工作，加入目前任職的新創公司，但進去沒多久就發現，公司似乎陷入了多頭馬車的經營困境。

　　Jacky 進一步舉例說，因為財務部只有他一個人，每天上班也與公司其他七、八個部門同仁沒有交集，感覺像是化外之民。再加上，雖然公司有請一位外部財務專家，固定每周到公司來協助他，但教的都是一些財務法規和理論，無法立即派上用場，英雄無用武之地，使得他在這家公司愈待心愈慌。

　　「我現在內心感到非常恐懼，當我想找執行長談一談時，他又忙著在客戶端及融資方那邊打轉，根本沒空理我。這段時間，總有一股不祥預感讓我感到莫名的慌張，像是掉在漩渦裡即將被吞噬，所以想問問孔老師，我到底該怎麼辦？」

　　有十幾分鐘的時間，Jacky 都在自個兒的問題中打轉，即使類似的內容講過一遍又一遍，對於現況依舊理不出一個所以然來。反倒是我，早在他開口講第一句話的時候，就不斷地在腦海中掃過一些圖片和資訊，試圖找一句話來描述他的現況，也就是進行所謂的「獨立思考」。

　　很快，我就針對 Jacky 的問題找到代表性的關鍵字，那就是「定位點」。於是我打斷了他的話，直接詮釋說：「你的恐懼其實是來自於，遲遲沒有找到自己在公司的定位。」他急忙反問：「那要怎麼做才能找到您說的工作定位點呢？」

　　第一步，我先教導 Jacky，職場裡最忌諱的事情就是只顧自己而不跟其他同事互動，為了突破這一點，他必須先想出一個多贏的計畫，來吸引其他部門同仁的參與，藉此讓大家知道他可以為公司做些什麼，同時也學習其他人正在做的事情，並給予必要的協助，如此便能形成一個互信的夥伴關係。

　　接著，我建議 Jacky 可以藉著建立全公司六個月後的財務

報表，來彰顯自身的工作定位，並且將公司目前六、七個正在往不同方向前進的部門，整合到同一張報表上去。

「報表上第一項的收入（revenue）就要有產品價格、產品銷售數量、誰是客戶、產品上市時間等。牽涉到的單位有研發、設計、銷售、市場、客戶、CEO、CTO 等；第二項是產品毛利（gross margin），這是產品成本的估算，你就可以名正言順地與生產、品管、運輸等部門商討；第三項費用（expenses），那牽涉就更是廣泛了，每個部門都要給你預算，用錢的前後也必須與你互動；第四項盈虧（profit），這可以幫助你及 CEO 與未來融資者在商談時言之有物。如此你的工作就很自然地與各部門接軌，也可以預先與各部門設立定期會議，做正式的交流，而且我預測你的 CEO 也一定會支持你的。」

Jacky 聽完，開心地說：「這真是太好了，我立刻去做幾個相關聯的 PPT，藉此先告知 CEO，然後與各部門進行溝通。」

兩星期之後收到 E-mail，Jacky 在信中提及：「關於孔老師上次教導的提議，CEO 與外部專家完全同意，自下個月起：(1) 我與 CEO 每週一對一會議；(2) 在 CEO 的督促下，與其他部門總管每月開會一次；(3) 與外部專家的會議也圍繞在我的工作定位上。真的是太感謝孔老師了，我從未預料能透過五十分鐘的輔導，讓自己從毫無頭緒、恐懼中，看到一線希望，如今我也能在滿懷熱情中找到工作樂趣！」

我回信告訴他：「也希望你的定位點是你職涯的突破口！」

　　若你問，什麼叫做獨立思考？以我輔導這位財務主管為例，在他還沒講完整起事件，我就已經發現癥結所在並立刻給予解決的方案，這就是一個運用獨立思考的過程。易言之，當別人丟給你一些突發性、沒有規律性的素材時，你能不能快速從中理出一個脈絡並掌握其規律，考驗的正是你的獨立思考能力。

　　回想一下，在過往的生命經驗當中，是不是曾經有過類似這樣的疑問：「為什麼我不斷加班、也不斷學習新知識，真正碰到難題時，還是空有一堆想法卻抓不到重點？」或者，「為什麼我鼓起勇氣提出意見，卻被當成耳邊風？對長官和客戶簡報，即使自認準備充分，還是被批評是言不及義而得不到正面回應？」

　　再不然就是無法理解，「為什麼之前聽別人解釋某個理論或原理，明明已經完全『聽懂』，轉述給客戶聽時卻語無倫次，怎麼都說不清楚？」若你是一個基督徒，心中的疑惑還可能包含了，「為什麼我讀、教聖經那麼久，還是得仰賴網路和參考書上的資料輔助，總是缺少自身的獨到見解呢？」

▶獨立思考是展現思考的主導權

　　當你面對無規律、突發性、無組織的狀況或難題時，能立即在腦中將其轉變成有規律、有組織、有預見性的解決方案，並且能清楚、有條理地陳述出來以服眾，這時你必須展現思考主導權。

何謂獨立思考？即在與他人的對話、互動中不被他人的思路、想法所帶領、所影響，也不是順著他人的思路、想法來思考；相反地，還可以引導他人順著自己的思路、想法來思考。

透過聖經的啟示也可發現，神及耶穌永遠在思想上帶領我們。基督徒在世，切忌凡事人云亦云，要藉著信靠神而有自己的想法，人會受騙都是跟隨別人的話語、思想，所以要學習耶穌三次藉著思考主導不受撒旦誘惑，而不是夏娃似的順著撒旦思路而受騙。

絕大多數的上班族，在工作一陣子後遇到的職場瓶頸不外乎有二：(1) 無法解決難題，(2) 話語缺乏說服力。獨立思考是在你的想像力中幫助你理清思路的方法，可以提升自己的構思能力去解決難題，並學會將複雜的觀念，轉化為清楚易懂的溝通能力，提升說服力。以下將分述如何運用獨立思考及如何學習。

■獨立思考的應用：解決難題，突破困境

完整的解決難題能力，應包括五個要素：

1. **關聯性**（relevant）：在接受對方信息轉化為自主的思考中，要快速找到整個問題的關鍵點，若不清楚時要及時發問以確認。如同我在輔導前述案例的過程中，對方還沒有講完，我就馬上找到他的問題點在哪裡，就是所謂的思考關聯性。

2. **直覺性**（intuitive）：找到關鍵點後，腦中會有似曾相識（以前解決過的問題）的認知，所以，即使在仍有疑點時也能做出決斷，且事後證明是正確的。如同我馬上能給輔導案例

一個解決方案，告訴他要先找到工作的定位，這是直覺性。

3. **整體性**（integral）：直覺做出的決定，不只是針對一個點，而是一個整體系統性的解決方案。如同我告訴他要做一個財務報表出來，這就是整體性。

4. **旁通性**（across）：能觸類旁通，跨越到其他領域去找出解決難題的方案。如同我建議做財務報表的目的是協助他把公司七、八個部門連結起來，這就是旁通性。

5. **預見性**（future）：解決方案不但能顧及到今日，還必須接受未來趨勢的考驗。另外，像我可以預測公司 CEO 會幫忙他，這就是預見性。

■獨立思考的應用：有說服力、具演講能力

完整的演講能力也和這五個要素有關，茲說明如下：

1. **關聯性**：因找到事件的關鍵點，使聽眾產生共鳴、認同內容，感受你的熱忱，這是一種心對心的溝通（you touch my heart）。

2. **直覺性**：因為你能跳脫出疑點，帶進來以前成功解決問題的方法，使聽者感受新奇，得到啟發。新穎的事物是唯一讓聽眾不走神的利器，這是一種腦對腦的衝撞（you reach my head）。

3. **整體性**：提出的完整方案若能深入細節又引回主軸，將令聽者難以忘懷。

4. **旁通性**：若能觸類旁通地講故事，且跨領域的舉例說明，將更能服眾。

5. **預見性**：以聽眾對未來趨勢的認同，來接受今日的方案。

■學習知識與學習技能

一般來說，我們的學習有兩種：學習知識與學習技能，這兩者的學習方法和時效都大不相同。

1. **知識（knowledge）**：是指用頭腦去學的東西，例如學習物理、歷史、聖經等。人不能沒有知識，具備一定程度的知識確實可以改變一個人的命運，只不過知識若沒有學以致用，很快就會忘記。

2. **技能（skill）**：則是指，在頭腦與身體互動實踐中而學會的東西，例如游泳、開車、打字等，一旦學會了就一輩子不會忘記。

真正有本事的人是在學會一樣知識或技能之後，熟練到能夠融入身心靈，且熟能生巧成為你身體的一種本能，亦即當你在做那件事情的時候是身心靈一起在做，不是只單靠頭腦在運作思考。就像一個汽車駕駛人不會因為幾年沒開車就喪失這項能力，頂多只是需要適應期但不會忘記，而知識卻是不用就會忘記，所以知識和技能是很不同的。

聰明人擅長學習和利用知識來解決一般問題，但容易因為陷在知識窠臼而忽略了操作學習，以至於解決不了難題，而這也就是為什麼，那些小時候成績好的同學，長大之後的成就未必傑出。

相較之下，不太聰明的人因為缺少智力資本、做事又不懂

得取巧，只知硬鑽過去，所以做事不留死角，因此基礎反而打得穩，甚至有可能在時間和經驗的歷練下開竅，後面的路也會愈走愈平順。我們也常會看到，**有智慧的人通常都下過笨功夫，而且深諳先慢後快的道理**。講一個小故事，或許有助於理解這樣的概念。

很久以前，有一個木工接下木材工廠的砍樹任務。為了力求表現，第一天，木工就順利砍下十八棵樹，之後幾天的成果更是不俗，平均每天都能多砍一棵樹，直到二十五棵樹的紀錄，一直到第九天，成績才開始往下掉，當天只完成二十棵樹的砍伐。

木工心裡有些緊張，便在隔天提早起床且加倍努力工作，但忙了一整天仍然只砍下十五棵樹，爾後一天比一天少。甚至有一天一個上午使盡吃奶力氣也才勉強砍下兩棵樹，讓他氣餒極了，並且趕緊跑去跟工頭解釋說自己真的已經盡力了，無奈砍伐效率還是不彰。

工頭聽完木工說明連日來發生的事情，只問了他一句：「你最近一次磨利斧頭是什麼時候？」木工愣了一下，不明白為什麼工頭會這樣問，便回答說：「我每天忙著砍樹都來不及了，哪來時間磨利斧頭呢？」但才剛說完這話，木工隨即領悟到，原來工頭之所以會這樣問，因為那正是造成他砍樹效率下降的主因。

「工欲善其事，必先利其器」，透過這個簡單的寓言故事，我想向大家點出一個重點，還是回歸到培養獨立思考能力的這件事。當我們的思考力像木工的斧頭一樣鈍掉了，工作成

效一樣也會出現事倍功半的情況，令人頻感挫敗。

　　每次公開講授獨立思考課程，不論班上有多少人，當我問說想要操練獨立思考能力的人有多少時，一定都是全班舉手。然而，最後會實際持續操練的人卻寥寥無幾，原因是覺得浪費時間，所以寧可把重心用在吸收其他的新知。

　　但依據個人四十年的職場經驗，我會建議大家只要聽百分之二十或三十的演講就好了，把剩下的時間拿來消化和整理演講內容，這樣才會慢慢建立起一套自己的知識系統，這也就是我所謂「先慢後快」的道理。

▶培養獨立思考，重建有組織的知識庫

　　傳統的東方教育使得很多人習於追求標準答案，儘管擁有高學歷的光環，卻未必具備相應的問題解決能力，培養出眾多高分低能、而平庸的高知識份子。如何突破這樣的限制，培養創新的獨立思考能力，必須在三方面突破傳統學習方式：

■ STEP1：將事情弄明白

　　面對他人提出的新知識和新想法，若過不了你的認知這一關，那就不要囫圇吞棗般地全盤接受，而是要透過提問、討論、沉思、反思，甚至勇於挑戰權威等方式，把知識弄明白了之後再有組織的吸收。

■ STEP2：學會嚴謹思考

　　得到新知識或新想法之後，下一步就是要測試真正的理解程度，而我採取的方式就是利用筆紙有條理地寫下來，其好處如下：

　　1. **理清思路**——英文有句名言說：「寫，是釐清腦中糾纏不清思路最有效的方式。」

　　2. **手腦並用**——研究證明，人在寫的同時也在重組腦的結構，訓練腦部思考得更專注、更縝密。

　　3. **邏輯思維**——東方式才子文人的思緒常是天馬行空、恣意跳躍，以至於缺乏邏輯性和嚴謹性，也因此容易忽略真理與謬誤之間的那一步之差。

■ STEP3：破解思考盲點

　　自小被訓練追求標準答案的結果，是順著老師的思路來做答案，所以每個人都有許多思考盲點，若不經過嚴謹思考的洗禮，便難以自覺。因此應試著破解：

　　1. 許多人思考時，往往只朝一個方向或單一的角度來思考，這種慣性思維，成了我們唯一邏輯思考的選擇。

　　2. 受思考盲點的限制，我們經年累月留在腦中的知識是一堆支離破碎、糾纏不清的記憶，這種知識只能解決一些片面、低層次的問題。

　　3. 不斷操練將事情弄明白以及學會嚴謹思考，能幫助你在——學會其他思維方式中，突破自己的思考盲點。再用新的思路重新整理你原有無組織的記憶，使其成為有組織、多角度而有整體系統的知識庫。唯有整理過的知識，方能解決多方面、

複雜的高層次難題。

　　獨立思考能力的培養，就是一個手腦並用的技能，在獲取新知識的同時操練大腦嚴謹思考。在我個人的定義中，獨立思考力如同一部強大的搜尋引擎，只要輸入關鍵字就能把相關內容，從龐大的記憶庫裡頭提取出來。

　　至於一部好的搜尋引擎應該具備哪些特質？我嘗試將其列舉如下：

　　1. 輸入關鍵字後能快速搜尋到最精準的資料——關聯性、直覺性。

　　2. 取得原始資料後能繼續搜尋到更完整，以及跨領域的相關資訊——整體性、旁通性。

　　3. 可以搜尋到相關資訊的未來趨勢和方向——預見性。

　　一個具備獨立思考能力的人，頭腦的組成及運作就像一個好的搜尋引擎網站，能：(1) 解決難題、(2) 發言有說服力。至於要如何訓練人腦建立此有組織的知識庫？ 以及如何應用此知識庫以快速解決難題？圖 2-1 可以作為一個對照。

　　最常見的一種情況是，當你發現有些事情聽別人講都懂，轉述的時候卻說不清楚，代表傾聽過程中都是跟著對方思路在走，缺乏獨立思考。這道理就如同，很多學生在上課聽老師教的以及回家看課本上寫的，感覺已經充分理解和吸收，在考是非題、選擇題時還可以勝任，但在考論述題時腦海卻一片空白，癥結都是在於沒有事先將知識消化和整理過，因而無法產生自己的思維連結。

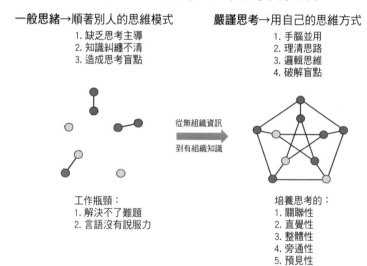

圖2-1 非獨立思考和獨立思考的比較

一般思緒→順著別人的思維模式　　嚴謹思考→用自己的思維方式

1. 缺乏思考主導
2. 知識糾纏不清
3. 造成思考盲點

1. 手腦並用
2. 理清思路
3. 邏輯思維
4. 破解盲點

從無組織資訊
到有組織知識

工作瓶頸：
1. 解決不了難題
2. 言語沒有說服力

培養思考的：
1. 關聯性
2. 直覺性
3. 整體性
4. 旁通性
5. 預見性

▶如何培養獨立思考？

　　獨立思考能力的培養，可分為六大步驟：資訊收集、資訊編輯、知識整理、知識儲存、知識模組、模組搜索（請見圖2-2、圖2-3）。

　　1. 資訊收集：在開會時、聽演講、與人討論中，或看文章、讀書本、看信件時，要積極參與，仔細聆聽並記住要點，因為這些實況是你能得到有用資訊的最好時機。同時要隨時隨地準備好紙筆，將值得整理的資訊快速記錄下來。也要提出適當的問題以澄清自己理解的程度，將事情弄明白。

　　2. 資訊編輯：事後，在記憶猶新時，找一個安靜地點，藉

圖2-2 獨立思考能力培養及應用之整體圖

法則一：資訊層面處理：寫下來→嚴謹思考，破除盲點
　　　1. 第一步：資訊收集　　　培養直覺性、旁通性
　　　2. 第二步：資訊編輯

法則二：知識層面處理：結論＋圖表→建造知識模組
　　　1. 第三步：知識整理　　　培養關聯性、整體性
　　　2. 第四步：知識存儲
　　　3. 第五步：知識模組

法則三：獨立思考應用：解決難題→有說服力
　　　1. 第六步：模組搜索　　　培養預見性

著筆記及記憶用自己的思路重新理解資訊。用重整過後的資訊一條條有次序地寫下來。若寫到某處寫不下去時，表示對此點你還未真正瞭解（嚴謹思考訓練），或你從來沒有用這方式思想過（破除思考盲點）。此時千萬不可放棄，要反覆地思考或重看原始資料，或去問問題（將事情弄明白），堅持到寫完為止。另外，資訊編輯的過程培養獨立思考技能中的兩大要素：直覺性及旁通性。

　3. **知識整理：**完成資訊編輯是將別人的資訊轉變成自己知識的過程，但要成為有組織的知識，還需要經過一個知識整理的過程：

　(A) 在編輯好的知識中（幾頁紙）寫出幾條重要的結論，這是一個提煉的過程，強迫自己不被枝節纏繞，只專注在宏觀的大事上。

　(B) 寫完結論後，再將整體知識中的互動連結畫出圖表，

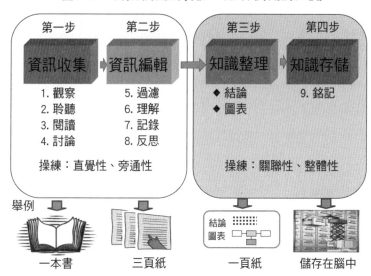

圖2-3　從無組織的資訊→到有組織的知識

以加強理解、加深印象（一張圖勝過千言萬語）。

（C）最好能在一頁紙上方寫結論、下方畫圖表：

——寫關鍵結論的過程，是培養獨立思考的關聯性要素。

——在畫出圖表的過程，是培養獨立思考的整體性要素。

4.**知識儲存**：將一篇文章或一本書的精華濃縮到一頁紙，其中的內容是幾條結論及相關的圖表時，就易於記在腦中。也可將編輯完、記錄著結論和圖表的幾張紙放在書中做夾頁。

5.**知識模組（建立知識庫）**：

（A）每一頁紙就是單個知識模組，其中包括結論及圖表。

（B）對任何有用的資訊，重複第一個知識模組形成的方法進行操練，便會形成無數個不同範疇內的知識模組。

(C) 先從你的專業開始建造許多相關模組，再擴展到其他相關專業，再到綜合能力（管理、領導、扭轉力），一直往外拓展來增強你勝任不同工作的機會。

(D) 工作外，同樣擴展方法準備你成為多樣化知識領導者——人生、文化、趨勢、信仰，成為一個終身學習的求知者。

(E) 隨時吸收、提煉新的資訊，不斷地建造有系統的知識庫，每天學習、每天寫、不要間斷，將每次學習視為人生中唯一的一次機會。

6. 模組搜索（腦中模擬）：

(A) 當腦中累積足夠知識模組後，就可以做獨立思考應用。

(B) 在解決難題的過程中，你面對的是一個突發性、無規律的狀況，此時即使在有限的資訊中，腦中搜索引擎就開始不斷尋找關聯詞以匹配在你腦中的模組，一旦搜中對的知識模組，其中的結論及圖表就是你解決此問題的方案，此方案亦是個有組織、有規律、有預見性的方案。

(C) 這是一個反覆搜索過程，使你腦中的搜索引擎愈收愈窄，直到搜尋到關鍵內容。有時即使找不到完全匹配的模組，但似曾相識的其他模組可以引導你直覺性地做出反應。

(D) 模組匹配的操練可以培養獨立思考技能中的預見性。

建立知識模組並沒有想像中困難，只要把相關聯的知識儲存在一起，並為其取一個名稱，這個資料夾就是一個新的模組。一旦累積足夠的知識模組，即便掌握的資訊有限，腦部搜

圖2-4　模組搜索或腦中模擬

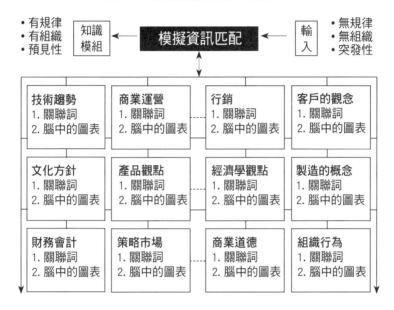

索引擎還是能快速找出關鍵字，來跟既有知識模組做匹配，找出合適的行動方案（請見圖 2-4）。這些模組，可以不斷新增相關的知識模組的。

　　身為職場工作者的你，若是能有效發揮獨立思考能力，老闆大概也很難不重用你，因為那不僅可以在最短的時間內：找到解決方案、給予他人更清楚的解釋、提供他人更廣更深的訊息，而且可以藉此做出更正確的判斷，和更平衡的決定。

　　在過去四十年，**我每天下班前都會找一個安靜的地點，將當天值得學習的資訊，用獨立思考的方式有條理地整理**，以致我每年都會寫滿一本筆記本。

　　藉著獨立思考不斷解決工作上的難題，以及有想法、能說服相關人士，在職場成就方面，我得到步步高升的機會。在職場宣教課程方面，獨立思考也幫助我將過去工作經驗有系統地分為七個階梯，讓我懂得適時運用案例的方式，將理論變得更淺顯易懂，也因此寫了《贏在扭轉力》這本書。

　　在人生講座方面，獨立思考有效地將我所具備的聖經知識，融入到生命的體會當中，設計出一套以活出有意義的生命為主軸的課程；在一對一的個人輔導方面，因為擅長用獨立思考，在短時間內（50分鐘）替對方解決難題，還能實際做到以生命影響生命，讓我的輔導成為職場傳承與宣教中最精華的一部分。

　　教會事奉上也是一樣，無論是主日證道、信息分享，還是幫助教會成立職場事工，獨立思考都是我整理、思考、總結信息不可或缺的利器。

　　這是一個快餐的時代，當代人寧可花大錢受騙，而不願意下功夫去做改變。舉了這麼多的例子，目的還是只有一個，就是鼓勵大家盡量操練獨立思考力，認知「慢就是快」的道理，並學習將其運用在生命的各個層面，相信一定能夠幫助你更加無往不利！

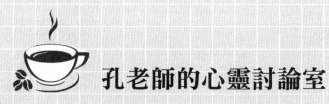 **孔老師的心靈討論室**

Q1：

你有因改變學習的方式而做出快速又正確的決定能力嗎？若有，是如何將其運用在人生或職場問題的解決上？

Q2：

針對本文所教導的培養獨立思考的六大步驟，你是否曾經運用過類似的方法？這六個步驟對你的幫助是什麼？

Q3：

你是否已經建立屬於自己的專業知識模組？這些模組的建立，對你的實際幫助是什麼，請試著分享。

| 個人層面：俗乎與聖乎 |

在工作中經歷神、榮耀神，
並找到人生的命定

信仰是在於心，而不是在於形。

※

Helen 是一位剛轉到美國教會的中年姊妹。見到我時，提及華人教會的主日講道內容總是飄在雲端、落不了地，所以她才會選擇離開，改至美國教會聚會。

「是什麼原因讓妳覺得講道內容落不了地？要不要再說得具體一點？」我邀請 Helen 繼續往下說。

「我個人認為，華人教會牧者在講道的時候，常常整篇信息都在經文裡面打轉，然後第一段經文都還沒講明白，接著又引用其他經文來解釋，最後還是得不出一個具體的要領或結果，更別說要如何應用在生活或生命當中。」

說著說著，Helen 不免有些小小抱怨：「聖經不應該是如此枯燥無味的，我看周遭的人也都在打瞌睡，難得起個早想從教會得到靈裡的供應，結果卻是在浪費時間……，我覺得華人教會的信息應該更接地氣，讓內容更加實際而且生活化一點。」

同樣是在反映當今教會現象的 Howard，他的困擾則是在工作議題上得不到應有的幫助。

他告訴我，自己在工作中遇到巨大困境，在跟教會牧者分享一個多小時之後，牧者卻只說了一句：「弟兄，我會為你禱告，再者就是不要被世界綑綁住，要多在教會中服事，因為至終只有在教會內的事是有永恆價值的，而且是神所喜悅的。」

「孔老師，真的是如此嗎？」Howard 不解地問。

「當然不是這樣的，」我向 Howard 指出：「信仰是在於心而不在於形，所以即使是在工作場合，只要做的事情是出於神的呼召，一樣可以榮耀神。」

• • • • • • • • • • • • • •

對於教會應該如何傳講神及神的話語，身為基督徒的你，看法是什麼呢？是認為教會只要講真理、落不了地沒關係，還是抱持著另外一種看法就是多講道理、缺乏生命也沒關係？抑或是，像前述故事中的 Helen 和 Howard 的期待一樣，希望教會牧者的講道內容，可以道理與真理並重，並且讓生命帶領生活？

▶聖經也可以工作化

翻開〈路加福音〉5 章 1-11 節，看看耶穌是如何呼召西門彼得的故事，便可以知道，聖經不只是一本生命書，亦是一本教導工作的書。

一般牧者在對基督徒講解耶穌呼召西門彼得的這段經文

表2-5 工作層面與人生層面

工作層面	人生層面
行業：漁夫	工作逆境：整夜勞力，並沒有打著什麼
市場：革尼撒勒湖	水深之處：風險之處亦是信心操練之處
平台：船	但依從祢：與神合作，學習順服犧牲
工具：網	你要得人：人生命定
產品：魚	接受呼召：撇下所有，跟隨耶穌

時，只會強調這是耶穌第一次呼召門徒，以至於基督徒們把它當一個故事看過就結束了，殊不知，其實它還可以從工作和人生這兩大層面來詮釋。

如表 2-5 所示，從工作層面來說，我們可以說西門也是一個工作者，其他捕魚的人都是他的同事。船是他的工作平台，就像我們現在所講的辦公室；他們的漁網就是我們的手機和電腦；每個工作都有一個產品，西門的產品就是魚。

從人生層面來說，經文說西門整夜勞力沒有打著什麼魚，代表他跟我們一樣也會在工作上遇到逆境，或是不知道如何解決的難題。在這樣的情況之下，耶穌要他冒著生命危險到水深之處打魚，那也就好比神要我們對一件事情誠實以對，像是向一個重要客戶坦承自己的不足之處，所以水深之處代表的是一個信心操練。

▶讓神介入工作，方能得人如得魚

　　身為漁夫的西門就是在工作中經歷神的。西門和他的同伴有次整夜在湖中捕魚（工作），但什麼也沒有打著，這對西門這個捕魚高手來說是很不尋常的，因為他是職業捕魚夫，而且可能有最好的網、有一艘好的船，也知道哪裡最有機會捕到魚，但他整夜勞力卻一無所獲（身陷人生逆境）。

　　第二天，漁夫們又累又沮喪，只能在岸上洗網。當時西門的感覺像是走到人的盡頭，因為他盡了一切努力還是一無所獲，這又是他賴以維生的工作，所以西門與他的同伴會有失敗感是很自然的。

　　但就在此時，耶穌出現了，說：「西門，我要用你的船來做為我演講的平臺。」然後西門（無可奈何地）讓耶穌進到他的船上，並用槳把船撐開，稍微離岸，讓耶穌坐下，從船上教導眾人。耶穌講完道之後，就請西門把船開到水深之處去下網打漁，西門雖然質疑耶穌的判斷，但依舊照做，最後果真捕獲許多魚，把兩艘船都裝滿了。

　　實際上，耶穌在新約中所行的每一個神蹟都是有目的的，就是想藉著神蹟帶出原則性的教訓。以漁夫西門的例子來說，耶穌想告訴我們的是該如何在逆境中經歷神、榮耀神。試想一下，西門若不是在絕境中，他會聽耶穌的話嗎？

　　而且西門兩次捕魚的異同之處，便是真理所在，也是耶穌告訴我們在人生中反敗為勝的原則為何，是故，我們若能把握住這幾個關鍵原則，就能夠活出一個得勝的人生。

■兩次捕魚的相同之處

1. 同一個湖、同一條船、同一個網、同一個人

2. **真理**：在你目前的市場、行業、工作、平台、工具、產品中就可以榮耀神，並不需要去唸神學院或在教會中全職事奉。

■兩次捕魚的不同之處

1. 神的地點：不是整個湖（經驗）而是水深之處（順服）

2. 神的時間：不是整晚（時間）而是中午（時機）

3. 神的過程：不是整夜（靠己）而是幾分鐘（靠神）

4. 神的結果：不是毫無所獲（理性）而是滿載而歸（神蹟）

5. 神的方法：發號施令者不是西門而是耶穌

6. 真實身分：不是漁夫西門而是使徒彼得

7. **真理**：要懂得與神合作，用祂的地點、時間及方法去做。

聖經是非常豐富的。如果講道者能用這些內容來教導會友們解決職場問題，鼓勵大家按照靈裡的領受去做，相信不但能突破工作困境，還能在神的帶領下一步步抵達命定。先讓神介入工作進而找到命定，是一個循序漸進的過程，其步驟可參考圖 2-6。

讓我們再以西門彼得為例，對照如下：

神的同在：西門讓耶穌用他工作的平臺（船），來完成神的工作（講神的道）。我們如何讓自身的工作成為神使用的平臺？我們願意放出來多少，神就祝福多少。

與神合作：西門順服的態度值得我們學習，他沒有懷疑、

圖2-6　讓神介入工作的原則

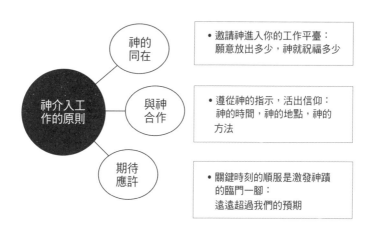

沒有爭辯、沒有倚老賣老，也沒有遲疑、沒有放棄。彼得沒有問任何問題，他只是用順服來與神的計畫合作，當神指導我們時，我們不可能失敗，信心是靠操練而成熟的，當神在我們的生命中動工時，總帶來風險，基督徒順服的心及行動是神施展能力的前提。

期待應許：當耶穌給西門一連串打漁的指示時，耶穌並沒有應許任何東西，但西門已有一顆熱切期待神應許的心，深知這次不會再一無所獲，他知道事情在轉變了，並期待不尋常的事要發生。神應許的祝福是遠遠超過我們的預期，並且神亦藉著對我們的祝福而把祝福帶給其他人。

從西門的例子就可以發現，基督徒最可能造就靈命進深的地點，不一定是在教會，也可以是在工作當中。而且透過工作榮耀神，還可以讓神為我們指出人生的目的，其推展步驟如

下：

經歷神：個人——認罪悔改、品格淨化、激發潛能、靈命進深（「主啊！離開我，我是個罪人。」路 5:8）

榮耀神：榮神——成就神蹟、接受呼召（「……就撇下所有的，跟從了耶穌。」路 5:11）

得命定：益人——帶出使命、指向永生（「……從今以後，你要得人了。」路 5:10）

▶工作的目的是在追求真光中找到命定

呼應西門彼得這個聖經人物在職場的教導，在此，我也以自身的職涯經驗為例，跟大家做更進一步的分享。

我是基督徒，但因著工作的前二十八年，在美國的半導體業及在中國的資訊業，都只有成功的經驗，沒有失敗過，讓我變成一個驕傲的人，以為靠自己什麼事情都做得成。

2002 年底，我決定在上海創業。當時情勢一片大好，我可以召到業界最優秀的人才，也有最先進的商業計畫及模式，亦有足夠的資金挹注，照理說，成功指日可待。但哪知道，就像上文中的彼得一樣，我竟然在創業的前五年失利五次。退無可退的情勢下，我才開始謙卑尋求神的幫助，在神面前認罪悔改，也自此改變對工作的態度及作法。

就在那時，神感動我，讓我看見工作就是我的使命、我的呼召，因為我的工作讓我有機會實踐聖經的教導，工作平台是我與神同工的平台，像彼得一樣讓出來給耶穌使用；另外，我

也是神在商業界的使者，讓神介入我工作的原則一樣是：神的同在、與神合作、期待應許。

■神的同在：神在我工作中出現，做敬虔的人

我們在職場要做一個敬虔的人，因為在神眼中成為怎樣的人，比你做了什麼事更重要。

1. **凡事尊重**：神是個靈，一般人看不見，但若別人在與你的互動中，能從你身上看到一絲神的形象而產生仰慕的感動，並隨後去求證且願意追求你所信的那位神，如此神就在你工作中出現。其中與世界上一般高位者最不同的是，隨時隨地都尊重人，不因自己的地位高而表現特殊，甚至作威作福、罔顧他人的權益，如同我在公司中，對打掃清潔的臨時工都一視同仁地尊重。

2. **待人真誠**：公司的高層人員在體驗到我與客戶及供應商見面時不裝假、不造勢，而希望他們一眼就能看穿我心思，就感到十分擔心。但過一陣子，我問這些同事說：「我的真誠態度有否讓客戶與供應商占到便宜？」他們齊口說：「沒有，而且這些合作夥伴受到感染也變得坦誠，使得各方的合作更容易進行，也使合作進到更深度的層面。」

3. **關鍵時刻**：上兩項必須要承受得起關鍵時刻的考驗，也就是在雙方有利益衝突時，要學會同時以慈愛的態度（尊重人）對人，公義的作法（不誤事）對事，以解決糾紛。

換言之，最有效傳福音的方式，就是自己不知道正在傳福音，也就是不要在職場刻意去做傳福音的「事」，而是要實際

活出信仰內涵，引發他人對福音的好奇，進而主動尋求。

■與神合作：讓神介入我的工作，做敬畏神的人

在職場做一個敬畏神的人，意思是說要敬畏神而不是敬畏人，凡事求告神，隨時求助聖靈的指引、提醒，所以要：

1. **誠實做管理（不欺騙）**：面對客戶全然誠實，對於公司的產品與能力，做得好的及做得差的都據實以對。對此，公司的銷售副總曾說：「在中國的行規是你必須將公司說到150%，客戶會用你的數據打七折來做評估，如此剛好。若你誠實以對就沒有人會選中你了。」我回答說：「我們誠信，若對方硬要打七折的客戶就不是我要的客戶。」果不其然，有90%客戶沒選擇我們，但留下的10%卻成為我們長期鐵桿客戶。

2. **愛心做決定（不自私）**：在中國的商場，上家拖欠或不付款給下家是很平常的事，但我們必按合同付給下家，財務副總不以為然，但我說：「別人不付款是他的事，我們不付款是我們的事。」另外，有一個大客戶按合同必須在不同時間點，支付我們三筆款項，第一筆拖欠數月，雖然在數次衝突爭議中勉強付款，事後卻放話不再付款，而我們仍照合同按時按質將工程樣品寄出，結果出乎財務副總的預料之外，在毫無爭議的情況中，客戶竟然全額付款。

3. **謙卑做領導（不驕傲）**：在工作的前二十八年中不斷成功及受人追捧，養成了我驕傲自豪、絕不犯錯、非我不行的領導觀念。直到在創業前五年五連敗的絕境中經歷神，我才開

始在會議中對員工們說：「今天的困境很可能是我幾個月前做錯決定的結果，我還真不知道如何來突破這困境，你們的看法如何？」沒料到會議中其他人都說：「是我們執行不力，Roger 不是你的錯。」從此，員工們開始自動自發地去解決公司內、外的大小難題，也變得敢用創新的方法去做且全力以赴。

4. **不怕做難的事（不賄賂）**：公司在中國申請各類證照、資格、認證，即使經辦人或單位公然開出明確價碼下，我們仍絕不賄賂，所以許多申請都辦不下來，但少數申請到的，卻能支持公司繼續經營下去。

5. **不怕做對的事（守原則）**：客戶來訪在外用餐，我堅持不擺闊氣、不喝酒、不上夜總會，若有客戶抱怨，我們會說：「寧可以公司的實力幫助你們取勝。」

我在工作中經歷神的同在，並且與祂合作，以為從此之後，神就會立即帶我走出困境，沒想到神又讓我在罰區中，五年又失利了五次。當時我就是藉由摩西和幾位聖經人物的苦難經歷，才明白到，為何已將聖經原則應用在職場，神卻沒有馬上把我帶離罰區且又讓我失敗五次。真正的原因是要讓我的靈命更為晉升，並且操練我的信心，堅信走過神的信心試煉後，必有應許的到來。

摩西所處的曠野，宛如我們身處的中場罰區。無庸置疑地，只有在曠野中才能改變一個人的個性及習性，並藉此培養出品格和智慧。

如同神親自在曠野操練摩西一樣，我們在罰區時，神也必會親自教導我們，讓我們體悟下列這些真理：

表2-7 罰區中的摩西（人生逆轉）

上半場（40年）	中場（40年）	下半場（40年）
埃及王宮 成功王子	米甸曠野 失敗牧羊人	帶領以色列人出埃及 得勝者

1. **卑微中仍服事**：放下驕傲、在卑微中知足、忠於寒微，神所在乎的不是你做了什麼，而是你為何而做。

2. **看不見仍信靠**：堅固信心，在逆境中神重視的是信心！當神沉默不語時，仍堅信神的全知和祂仍在動工。

3. **不可能仍順服**：在破碎自我上，摩西夠資格了，因他已是被神擊碎自我、壓傷的人，最好的領導者是蒙神呼召出任領導的人，神能在陰暗處動最美好的善工，是最佳教練。

■期待應許：神必介入，衝破逆境

在職場做一個有盼望的人，結果遠遠超過預期；遵守神話語的人忍受試煉到底，終究會獲得賞賜。我創業十年，走過的信心道路就如同圖2-8所示。

身處罰區時，雖然相信神必然會帶我走出眼前的困境，但我是公司董事長兼執行長，命運是跟公司綁在一起的，在這樣的情況下，神要用什麼方式帶我和公司脫困，免得我成為一個不負責任的人，一直是我內心的疑惑。為此，我也曾在神面前祈求說：「請讓我的公司跟神的永世計畫接軌。」

有天，當我發現，六位跟我工作最接近的高級主管，他們

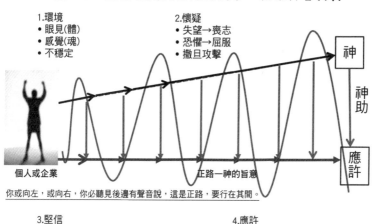

圖2-8　堅信就是只管做對的事，結果神會負責

1.環境
• 眼見(體)
• 感覺(魂)
• 不穩定

2.懷疑
• 失望→喪志
• 恐懼→屈服
• 撒旦攻擊

神

神助

應許

個人或企業　　　　　　　　　　正路─神的旨意

你或向左，或向右，你必聽見後邊有聲音說，這是正路，要行在其間。

3.堅信
• 神的屬性(God Can)
• 神的應許(God Will)
• 永不改變

4.應許
• 神的時間：忍受試煉
• 神的方法：信靠順服
• 神蹟：榮神益人

在過去五年間一直反映說我如此經營公司，在中國的商業環境
是生存不下去的，結果因為看到公司關關難過關關過，就都用
自己的方法各自去信神，那時我便知道，神必然會為我跟我的
公司開路。

　　事實上也的確如此。2013 年初，我創立的公司被中國最
大的互聯網公司收購，不只讓我順利走出罰區，終止十連敗而
反敗為勝，公司的營運也因此得以延續——神果真助我在職業
生涯中畫上了完美的「句號」。

▶信仰在於心，而不在於形

　　我經常鼓勵有心做職場宣教的基督徒說，想在工作場所傳福音的話，必須從兩個角度去思考：第一是如何讓神在你的工作中**出現**？第二是如何讓神**介入**你的工作當中？簡而言之，**第一點指的是做人的態度，第二點指的是做事的原則。**

　　舉例來說，若你身為一家公司的老闆或經理人時，與其高調呼籲大家做事情不要自私、不要驕傲，還不如身體力行，用行動去證明那些看似行不通的聖經原則，實際上不僅行得通，還可能帶出更好的結果和內心的平安。

　　最令人憂心的一種情況是，許多熱中職場傳福音的基督徒都以為，在工作中榮耀神的唯一方式，就是將教會的一些作法搬到工作場所，譬如在公司成立查經班和禱告會。然後，帶領同仁們查經的時候說一套，結束之後做的又是另外一套，行徑如同聖經提到的那些只會高舉律法的法利賽人，傳福音的果效反而適得其反。我這麼說並不是反對在公司成立查經班跟禱告會，而是呼籲大家**不要只把教會的形式帶到公司，更重要的是把教會的信仰帶到工作。**

　　曾經有一個基督徒企業家跑來向我求救，原因是不久之前他在教會牧者的推薦下，聘請一位教會長老到公司擔任總經理。他原以為同樣身為基督徒，對方又具有一定的信仰造就，其待人處世應該足以成表率，哪知道這位長老總經理上任沒多久，反倒成了公司的頭號麻煩人物。

　　那位企業家訴苦說，那位總經理上任後立刻公開標榜，這

是一家屬於基督的公司，經營目的是為了在世上作美好的見證。緊接著，他又在公司最醒目的一面大牆上，掛了一個十字架，並陸續成立查經班和禱告會，要求全體員工都要參加，試圖藉此領人信主。

　　然而，強摘的果子非但不會甜，這位總經理的一連串「德政」還引發員工們怨聲載道。更令公司內部為之氣結的是，他多次不顧人事部和財務部主管的反對，擅自將自家人安插到公司裡面，還被發現亂報開銷及收取回扣。

　　表面上說要在職場廣傳福音，骨子裡，他的言行舉止卻成了名符其實的反見證，嚇得那些未信主的員工都直呼「不想信邪教」。當初聘請他來的企業家眼見情勢愈來愈失控，趕緊找那位總經理詳談，明確指出他有哪些行為需要改進。企業家滿心期待對方能夠因此被點醒，沒想到竟反而被回嗆說：「我靈命比你高、經驗也比你多，你沒有資格管我！」

　　聽到企業家的轉述，我忍不住直搖頭，並以過來人的經驗勸告他，在上位者做任何決定一定要秉持公正、公平、公開三個原則，方能收服眾人的心。

　　我接著舉例，若是在公司內舉辦聚會，員工們立刻會被分成基督徒與非基督徒兩派，如此一來就難以單純用正確領導來服眾。這就是何以我常會建議其他基督徒企業家，除非本身是基督信仰機構或組織，否則還是不要將教會的活動搬到工作場合中。

　　基於上述的諸多考量，我告訴那位企業家目前有兩個選擇，一是立即將總經理撤職，二是立即將公司關閉，重新定位

後再出發。無論是哪一個選擇，兩者都意味著他必須有重新開始的勇氣。幾經思索過後，那位企業家終於還是做出了裁撤總經理的決定，公司業務也因為那次的有效整頓，蒸蒸日上。

重視信仰的「形」過於「心」的例子，我在講課和輔導現場還聽到過很多。

一位五十多歲的基督徒企業家，因內疚想去非洲宣教十天，但因為抽不出時間，也不懂當地語言，更不知道到當地該做什麼？因而向我訴苦。當時我便告訴他：「**若你的工作是為神而做，並且遵行聖經原則，那麼工作就是神對你的呼召，你也是一位全職在工作場所事奉神的聖職人員，你就在做見證、傳福音，而且你可以天天做，**為何要飛到幾千里外向不認識的人去做宣教呢？其實，**當今文明社會中，教會最大的挑戰與機會就是職場。**」

還有一個年輕弟兄，他在聽完我講的「基督徒如何理財」課程後，前來問我：「在我們教會內是不准談工作及金錢的，因為它們是世俗的，教會領導層深怕將世俗的事及思想帶進教會，所以定下嚴規禁止，以免擾亂教會，你的看法如何？」我反問：「你們的教友都辭了工作？」他回答：「都在工作。」我再問：「你們教會收奉獻嗎？」他答道：「牧師常傳達要忠心奉獻的信息。」最後我說：「既然如此，那金錢和工作怎麼會是世俗呢？沒有工作哪來收入奉獻？」

藉由這些實際案例便可清楚看見，當今教會對於工作與信仰的整合，大多還是停留在形式的追求，因此在結論部分還是要跟大家重申以下幾個重點。

　　工作與信仰不應該兩極化，教會該教導工作，並幫助基督徒把工作做好，神關心我們的工作並希望介入，神不只管屬靈的事，信仰與工作應該是互補而非對立。

　　在工作中，信仰是在於心，而不在於形。不要只把教會的活動搬到職場（在於形），而要讓神在你的工作中出現（做人），並讓神介入你的工作（做事）。

　　榮耀神的地點不只在教會，而是在我們的生活中的方方面面，全職事奉神的路不只在教會、機構中，每位基督徒都可以在工作中活出神的呼召來榮耀神。

　　讀聖經和講解聖經要更生活化，聖經不只有教義與神學，要從聖經的許多小故事中讀出並活出做好工作、找到人生命定的原則。

　　最後就是，因為基督徒用最多、最好的時間在工作，教會若只顧四面牆，不注重工作與信仰的結合，大使命也將難以成就。

孔老師的心靈討論室

Q1：

身為一個基督徒，你認為自己對信仰的追求比較是偏向於心，
還是偏向於形？

Q2：

你是否曾經在職場上因為成為好的見證而領人信主？試著分
享你本身或你所聽過的類似見證。

Q3：

從本文中看到西門彼得和摩西的故事，對你有什麼樣的啟發？
以及你如何將這些故事背後的真理，實際運用在工作上？

3

信仰和工作的關係

成功是跟別人比，成就是跟自己比。

✳

多年以來，我最常在會談室裡被問到的問題，就是工作與信仰之間的關係。

Jacob 是一位中年工作狂基督徒，因停不下工作而求救於我。在聆聽他的滿腹苦水過程當中，我試著同理感受，卻不急著幫忙解決問題，反而是先請他說說，信仰之於他的工作，影響是什麼？

「信仰對工作的影響？」Jacob 一臉狐疑，顯然從來沒有認真思考過這個問題，還反過來告訴我說：「在我們教會裡面從來不談工作，牧者也只關心教會內的事，因為他們認為工作是屬於世俗的，所以我向來都是用世界的方法在工作，沒想過跟神有什麼關係。」

身為神在職場的宣教使者，聽到這樣的回答雖然令我有些難過，但也因此更加深刻體會到，當今多數教會牧者傳講的內容跟基督徒們實際的靈命需求，兩者相去有多遠。

我想，這也就是為什麼此時此刻，神會使用我以職場輔導

者的名義坐在 Jacob 面前，告訴他：「工作，其實是神給人的一種祝福。想想，一個沒有工作運作系統的人類社會，那樣的世界會變成什麼樣子？」

Jacob 若有所思。我接著說：「只不過非常可惜的是，當今一般的教會領袖大多只著重在靈命造就和教義推廣，不注重或甚至拒絕從事工作上的教導，也因為教會將工作推給了世界，以致工作在教會和基督徒眼中，就從神聖轉為世俗了。」

「孔老師說的聽起來很有道理，但教會又該如何教導基督徒關於工作的事呢？」他的好奇心顯然被激發了起來。

「這麼說好了，若是你工作的態度和方法是認同世界價值觀，那麼你的工作就是世俗的；相對地，若你認為目前的工作是為神而做，並且是用聖經的原則在執行，那麼你就是一位全職在工作場所事奉神的聖職人員，你的工作當然也可被視為是神聖。」

我試著向 Jacob 強調的一個觀念是，全職事奉神的聖職不僅限於在教會做牧長或同工，神的呼召也不僅限於要一個人去當牧者。我一直認為，文明社會中最大的禾場其實是在職場，但很多牧者礙於在社會的工作歷練有限，無法提供會友一些如何將聖經原則帶入職場的知識和領悟，真的非常可惜。

美國的調研組織巴納集團（Barna Research）在 2014 年公佈了一項關於「信仰、工作與召喚的趨勢」的報告。該單位發現，大約有三分之二的成年基督徒表示，至少有三年以上不曾在教會聽過關於工作方面的教導。另外，在十八到二十九歲的基督徒當中，有 84% 的人坦承並不知道，聖經的教導對工作有什麼幫助。

　　這些數字都顯示出了，當今的教會牧者不應該再只是把焦點放在，像是會堂大小、聚會人數多寡、奉獻金額，以及受洗人數等這些問題上，而是要開始正視會友們在意的工作議題，並給予適時的協助和教導，才能真正讓基督徒的靈命得造就。

　　我也深信，只要教會願意打破傳統運作模式，積極回應基督徒們在工作上的需要，一定可以打造出一個更有影響力的無牆教會，讓國度福音傳遍地極。

　　為了彌補這一點，我通常會建議牧者到基督徒工作場所，親身體驗會友身處的職場氣氛，同時也可藉由影像紀錄的方式在主日講台上播放，請基督徒上台做工作見證，藉此肯定他們在工作上的蒙召，提升其使命感。

　　實際上，只要牧者願意在會眾的職業領域多注入一些關心，就會有更多職場基督徒願意到教會幫助牧者成立職場事工（marketplace ministry）或團契，共同為教會在職場中的基督徒提供服務。

　　唯一要請牧者特別加強的，是對少數幾位職場領袖的牧養，要盡心將他們帶到神的面前，讓神親自磨練塑造他們，然後差派他們到職場或社區去建立基督的身體，使教會走出四面牆，進而影響社會。

　　另外我也聽說過，有牧者為了體恤職場基督徒繁忙的工作，選在每天上班前和下班後主持職場人聚會，方便他們參與。我也相信，教會牧長們若是能改變傳統思路，開始嘗試做出上述的調整，教會會因此而有所不同……

　　聽完我的這一番話，Jacob 點頭如搗蒜，極力表示認同。

雖然我不知道他所屬的教會何時會轉變，但可以肯定的一點
是，經過這次的輔導，他的信仰眼界已經大為提升了。

· · · · · · · · · · · · · ·

　　若你也是一位虔誠的基督徒，是否曾經思考過，自己的
工作跟信仰之間有什麼關係？你是認為工作與信仰是有衝突
的，所以教會不應該教導工作，還是工作與信仰是互補的，但
不知道教會應如何教導工作？

　　在回答這些問題之前，我們不妨再試著想想看，工作到底
是神對人類的咒詛還是祝福？實際上，人類若無工作將與禽
獸無異，因為工作能解救人類三大惡：

　　1. 無聊（boredom）：參與感、專精

　　2. 墮落（vice）：自我價值、自尊

　　3. 欲求（need）：保證所得、幸福感

　　單就這三個面向來評估，工作到底是神對人類的咒詛，還
是一種神聖的祝福，答案就不言而喻。

▶以成功為導向的工作觀是世俗的

1. 什麼是世界的工作觀？

　　——將職業生涯當做是人生的目標，因此人生的成功在於
工作的成功。

　　——我是否成功是從財產、名望、權力、地位來決定，所

以我的名片、名牌、房子、車子這些就是我（identity）。

——工作的終極目的是實現「自我」，我在世上的目的就在於完全滿足「自我」的自大、自義、自傲、自揚。

——在工作上要不顧一切地將事情搞定，為達目的可以不擇手段，犧牲健康、家庭，甚至犯法也在所不惜。

——神與工作毫無關係，工作是原本就存在的，工作是世俗的產物，工作與信仰無關。

2. **世界工作觀的人生結局是什麼？**

● **身體的忙**：永遠有做不完的工作，不夠用的時間，不停透支的體力，誤將物質上的擁有物當作填補心靈上的空虛。這惡性循環成為無止境的圈套，有如被關在籠子裡的松鼠，無法停下腳步地向前奔跑。

● **魂裡的茫**：把工作當成自我的偶像，它決定你的自我價值，而且是你生活的控制中心，更是你至死也不肯放手的寶物。從基督徒的角度來看，任何東西使你愛它勝過愛神的就稱為偶像。

● **靈裡的盲**：世俗工作者（包括基督徒）將神趕出職場，並受撒旦所控制的物質世界引誘；自高自大的人類則是認為工作是自己創造出來的，與神無關，並刻意將神趕出職場。

▶ 教會要教導工作，使職場成為文明社會最大的禾場

1. 教會不教導工作，信仰與工作兩極化

現代人花在工作上的時間，遠比花在其他事物上來得多，

但是我們真的瞭解或思考過那些跟工作本質有關的問題嗎？比方說，我們為什麼需要工作？工作的來源是什麼？以及，神與職場有任何關係嗎？

　　許多教會在所有活動中，絕大多數的教導都偏宗教性。即使在人際關係與家庭生活方面偶有教導，對工作上的教導卻選擇沉默，以為只要提升會友們的信仰造就，他們面臨的各種難題就可跟著迎刃而解，以至於現代人（包含基督徒在內）常認為神與我們的日常生活無關（尤其是在工作方面），也自然而然形成兩極化的效應，在教會中不談工作，因此在工作場合也不需要活出信仰。

2. 教會不重視工作，對社會失去影響力

　　在富裕的西方社會，信仰對工作的影響力已經逐漸式微，加上世人普遍認為工作是世俗的，使得與工作有關的社會問題層出不窮，像是鎮靜劑的使用、酗酒，另外精神病、憂鬱症及自殺的發生率亦逐漸攀升。

　　曾經有相關統計指出，現代人在一天醒的時刻中，有60%的時間是花在工作上，其次是個人及家庭，占30%；花在與教會相關事務的時間，只占了10%。神要基督徒過一個以「神為中心」的生活，並且在各自所屬的經濟圈傳福音，所以想想看，若我們的生活有60%的時間與神無關，這是神希望的嗎？

3. 教會只在四面牆內，大使命傳得下去嗎？

　　關於傳福音的這個大使命，神已經透過聖經告訴我們：「你們要去，使萬民作我的門徒，奉父、子、聖靈的名給他們

施洗。」以及「……並要在耶路撒冷，猶太全地和撒瑪利亞，直到地極，作我的見證。」

神口中的「萬民」絕對不是指教會的會友，所謂的「地極」也不是在教會的圍牆裡。聖經記載的故事中，耶穌從沒有要求別人要進到會堂裡，才願意醫治對方的瞎眼，實際上，耶穌並沒有特定的辦公室或診療室，他都是走進職業現場去幫助人的。

在當今的生活環境中，很多人是跟鄰居不相往來的，唯有職場是人與人互相溝通、互相影響最有效的場所。在這樣的情況下，若是基督徒在工作中及社會中沒有見證、沒有影響力，傳福音的大使命還貫徹得下去嗎？也就是說，基督徒想要貫徹大使命，必須先做到信仰與工作合一。

假如教會能教導基督徒把工作視為神聖的使命，把職場當成最大的靈魂收割禾場，並且幫助基督徒在職場活出信仰，那就代表這個教會是走出去的。至於要如何教導基督徒在職場活出神的樣式，最重要的一點就是，鼓勵基督徒在職場做人做事都要遵照聖經的原則，活出基督徒應有的正確工作觀。

▶基督徒工作觀──神是投資者，人是經營團隊

何謂基督徒應具備的正確工作觀？可從六個概念來說明。

1. **神是工作者**：神本身就是一個極富創意的工作者。祂創造宇宙，並稱自己創造天地的行為是工作，如創世紀記載：「……神造物的工已經完畢……」；神還維持宇宙運行，如〈歌羅西書〉記載：「……萬有也靠他而立。」；神使歷史發生，並

藉歷史來完成祂的旨意。

2. **神創造的人是工作者**：人，既是神依照自身形象創造出來的，自然也是天生的工作者，如創世紀記載：「……神就照著自己的形象造人……」；神創造人來管理其他創造物，並接管神的創造，這就是人的工作：「……治理這地；也要管理海裡的魚，空中的鳥和地上各樣行動的活動……」；另外，聖經當中也提到，神用地上的塵土造人，將生氣吹在他鼻孔裡，他就成了有靈的活人。若是基督徒在工作中榮耀神，他的工作就是神的呼召，所做的工亦是神聖。

3. **神創造人使人與神同工**：神立了園子，讓人修理看守，這是神與人合作，如創世紀記載：「……神在東方的伊甸立了個園子……神將那人安置在伊甸園，使他修理看守。」即使是今日，人亦是神資歷較低的合作夥伴，預備要完成神的工作。

4. **神是投資者，人是經營團隊，互為合作夥伴**：所有物質世界的產物，都是藉著免費的原始資源（神是投資者），加上人類的加工（人是經營團隊）而做成的，因此「加工」便是我們的工作。舉例來說：

史前時代：神創造自然界的動物＋人的狩獵

農業時代：神創造大地、種子、陽光、水＋人的勞力耕作

工業時代：神創造地下的礦產、地上的出產＋人發明各種工具及武器，如汽車……

資訊時代：神創造沙、腦力、空氣、以及製造光纖的原材料＋人用沙子當半導體材料、用腦力設計應用軟體、用空氣傳送無線電波、用玻璃製成光纖建構有線通訊系統……

5. **神是學術的源頭**：世界上所有的學問及知識的研究，都是去發掘世上各個領域的不同規律性，這些規律性的創造，亦是從神而來。

科學——從原子到宇宙運轉及結合的規律性

工程——科學應用及實踐的規律性

人文——人類情感及感受的規律性

藝術——人類對美觀認同的規律性

經濟——人類對供求心理認同的規律性

醫學——人類生理及心理運作的規律性

數學——人類邏輯思維的規律性

農學——農作物生長的規律性

6. **神是工作的源頭**：神創造的人類有需求也有能力。神除了在各方面滿足我們的需求之外，也要人類藉著工作上的能力來滿足彼此需求。世上所有合法的工作都是為了滿足人類基本的需求而起源的，所以神亦可視為世界上第一位經濟學家。這裡所指的人類基本需求包含了：靈命需求、情感需求、智識需求、身心需求。

▶基督徒在職場是創造成就，而非追逐成功

教會也要思考，除了教導基督徒正確的工作觀之外，是否也應該教導他們如何把工作做好？如果牧者沒有這方面的經驗，又如何做呢？

我會提出這點是因為有些教會專門設立事工為失業的基督

徒找工作，還為此徵詢我的意見，當時我提醒對方：「為什麼要等到基督徒失業才幫助他們，而不在失業前就教導他們把工作做好，而不致失業呢？」一個在工作上消極或表現不好的基督徒，是很難在工作中榮耀神的，甚至可能在非基督徒前做了反見證。

輔導過程當中，很多在職基督徒提出下列問題：

• 身為基督徒要謙卑並知足，那我該期待升職嗎？我該做職業規畫並爭取不斷晉升，還是靜觀其變？

• 身為基督徒在工作上遇到不公平待遇，像是薪資、職級或任務分配，我該以何種態度及方法去應對？

• 既然在職場難有作為，那就把工作當作混口飯吃，把個人發展放在教會，因為教會內的服事才是屬靈的，才是神看重及喜悅的。（但，真的是如此嗎？）

• 還有基督徒碰的困擾是，一旦答應擔任同工之後，教會指派的事務就排山倒海般湧至，對於他在家庭及工作上必須付出的時間和努力，似乎毫無考量及尊重，並暗示唯有在教會內的服事是屬靈且討神喜悅，甚至於還時時建議去唸神學院，導致有自己想法的人都離開了，只有乖的、聽話的人留下來。真的所有在教會內做的事及活動，都是對基督徒們有益的嗎？

針對前述這些疑惑，我試著以聖經原則和人物故事為例，來說明基督徒在職場應抱持的態度。

■工作上要有所作為

聖經與聖經的主角「神」永遠是最正面思考的，神只做卓

越的事，不做平庸的事，遇到逆境時，神看重的是憑信心依靠祂去突被困境，而不是消極的退縮、逃避。

神也期待祂所造的人在任何景況中**追求卓越**，在工作上要做到以下來榮耀神：(1) 將手邊的工作做好、(2) 在職場要有所作為、(3) 用正當的動機及方法來工作。同時，不要讓自己在工作場合的消極，成為非基督徒相信神的絆腳石，而當了反見證。

舊約中，外邦職場聖徒約瑟、但以理、以斯帖，他們都為神身處高位來完成神的旨意，皆可作為在工作中**榮耀神的榜樣**。約瑟在職場的職份是埃及宰相，他執行的命定就是做以色列人入埃及的先導；以斯帖在職場位份是波斯皇后，執行的命定就是在外邦拯救以色列民族。

基督徒在工作上要有所作為，指的是追求成就而不求成功。不過，在此要特別澄清的一點是，雖然神渴望參與我們的工作，並不代表所有的工作都是出自祂的呼召。

判斷的標準有二：第一是你的工作是否為神而做，第二，你是否以聖經原則來從事該項工作。既然是做神呼召的工作，便要知道祂是要人藉著工作創造出「榮神益人」的成就，而非一味地追逐成功。

思考一下，難道神會希望祂所愛的基督徒事情都做不成嗎？當然不是。神不僅希望基督徒可以如願成事，還能從中體會到卓越的成就感，祂唯獨在意的是，我們**抱持的動機要純正**。

一個人的動機若在於追逐成功，便只會專注在事情的結果，以及結果帶來的財富、權勢、地位，並且一直處在與他人

競爭的狀態，永不滿足；反之，動機若在於創造價值及體驗把事情做好的卓越感，發現自己比昨日進步就足感欣喜。若再細探動機純正與否的差異，從下列比較便可見一斑：

●**動機純正——追求成就感，工作本身就是神的呼召**

工作目的：養家維生、創造價值、服務他人、貢獻社會、榮耀神

副產品：財富、地位、聲望（屬神）

作法：用符合聖經原則的正當方法爭取

結局：蒙神祝福、內心得平安

●**動機不純正——只求成功的快感及成功的成果**

工作目的：養家維生、滿足自我的自大、自傲、自揚

副產品：財富、地位、聲望（屬自己）

作法：急功近利、不擇手段

結局：人我關係緊張、失去平安

■**信仰和工作要合一**

我也碰過不少基督徒在問：

——在工作上應該從眾、隨波逐流，還是堅持誠信？而且堅持聖經原則行得通嗎？

——在職場上，我該如何發揮一位基督徒員工的影響力？

——我們常會面臨到許多重要價值觀的選擇和決定，像是換部門、換公司；不說謊、不虛報；占便宜或吃虧；據理力爭或等候謙讓；幫助他人或保護自己等，如何明白這些選擇的結果，並用負責任的態度去面對呢？

　　這些都是很重要的問題，答案其實也都在聖經裡面。聖經不是一本教條主義的書，而是由許多真實的小故事整合起來的，整本書的中心主題很鮮明，就是要我們信靠神。也就是說，當我們日常生活的所言所行與信仰衝突時，**要憑著信心只管做對的事，將結果交在神的手中**。

　　舉例來說，本書提過的聖經人物約瑟、摩西、以斯帖、保羅，他們都曾經在面臨信仰和生活衝突時，選擇信靠神，並依此度過難關和得到祝福。接下來要提到的但以理，也是一個很好的學習榜樣。

　　但以理是在西元前 606 年，從猶大國被擄到巴比倫的皇室成員之一，與其他三位猶大青年和其他國的青年才俊，一起受巴比倫王所賜膳酒的供養。不過，因為但以理立志不讓王的膳酒玷污自己（與信仰衝突），他決定做對的事並將結果交給神，就對太監長提出讓自己吃蔬菜白水十天的請求，神使但以理在太監長眼前蒙恩惠、受憐憫，這個要求通過了。

　　但以理在工作上遇到跟信仰衝突的事情，決定把信仰放在前面，不屈從巴比倫國王賜給他的食物，便是基督徒工作和信仰要合一的例子。也因為他把信仰放在前面，神就替他開了路，讓他的聰明智慧比別人多十倍，使他的職份是外邦多朝宰相，並活出他是外邦先知的命定，為神作見證。

　　在工作上只要先把信仰放在前面，神就會祝福你。即使那個祝福未必馬上兌現（也許是神還在考驗你的信心），仍要相信神至終會介入，神也希望身為基督徒的我們要有這樣的盼望。

孔老師的心靈討論室

Q1：

身為一個基督徒，你認為工作與信仰是衝突或是互補？你如何讓信仰進入到工作當中？

Q2：

你是否曾經從教會的講道或活動中，獲取任何跟工作有關的教導？面臨到跟工作有關的困難或困擾時，你都向誰求助？

Q3：

針對基督徒在職場要有所作為，以及要讓工作和信仰合一，你的看法和作法是什麼？

4

活出見證就是最有力的宣教

教會與職場是互補，而非對立。

❊

年約四十幾歲的 Kevin，是一位正陷入職場瓶頸的工作者。見面時他告訴我，工作上的不順遂讓他開始萌生退意，甚至認真思考，要不要藉此轉換跑道做全職事奉。「我已經陸續和好幾位全職傳道人談過，他們也是從職場進入神學院，而後走上全職事奉的道路，所以在這裡也想聽聽孔老師的意見。」

「關於這個問題，我想先釐清的是，唸神學院是你的想法，還是來自神的呼召？」我反問 Kevin。

「應該是我自己的想法居多，但似乎教會牧者也常要我們要以全職來傳福音事工為念，強調這樣的事情才討神喜悅，所以我很自然地以為，唸神學院應該也是神喜悅的事。」

「喔，那可就未必了，」我向 Kevin 提醒說：「工作上碰到困境，首先要做的是藉著信靠神去尋求突破，切勿自找退路，除非你有清楚來自神的呼召。更何況，全職事奉也並非只有在教會內做傳道人一途，更不一定要進神學院，牧者是神的特別呼召，不一定適合每個人。」

「那麼孔老師，若是不到教會做全職事奉，也不去唸神學院，身為資深基督徒，如何讓靈命得到更進一步的提升呢？」Kevin 繼續追問。

我告訴 Kevin，他問了一個很好的問題，因為在從事一對一輔導時，我也經常碰到有信主多年的基督徒，提出類似的疑惑。對此，我都會試著更新他們的觀念說：「資深的基督徒若想要經歷神，或得到靈命持續進深，最可能的地點不一定是在教會，很可能是職場；最主要的原因是，職場環境宛如一個壓力鍋，常逼得人不得不將本性顯露出來，那才是真正檢驗個人靈命的時刻。」

Kevin 恍然大悟。最後利用一點時間，我向他分享了自己四十年的職涯經驗，以及如何在神的帶領下找到人生的目的，走上職場宣教這條路。

我也期許 Kevin 能夠化危機為轉機，藉由這次的瓶頸，開始讓神介入他的工作，便能得知神對他的呼召究竟為何。至於需不需要再去唸神學院？答案也將會自然顯現。

● ● ● ● ● ● ● ● ● ● ● ● ●

在之前的文章中，我分享了如何在中場罰區時讓神介入我的工作，以及如何透過聖經人物的苦難經歷得到力量，堅信只要通過神的信心試煉，終將會得到應許。

在本文中，我將進一步告訴大家，我是如何從職場操練中發現唯一，以及神帶領我一步一步走上職場宣教的這條使命道

路。

▶人生下半場──找到有意義的命定

回望過往人生遭遇過的一切，除了由衷感謝神的帶領，也更加體會到人生真的是沒有白走的路。以職業生涯來說，最早神是安排我從基層的專業工程師開始做起，之後便一路從經理人、領導者做到了企業家，現在則是名符其實的社會貢獻者。

神讓我的資歷那麼完整，相信有很大一部分的原因是，為了有利於現在要推動的職場宣教事工，讓我能服事職場上每一個階層有需要的人。

假如當時我創業兩年就成功了，是無法做現在的事情的。一個從未有過失敗經驗的人，到職場去傳講福音，人家會說這是成功神學而難以發自內心採信。由此可見，**很多事情都是有因果關係的，以往認為的巨大苦難，很可能到最後真的是化妝的祝福**。

神不會浪費我們的經驗和才能。祂會讓我從基層的工程師做到總裁，都是為了日後做國度的事情。國度的呼召跟教會呼召不一樣的地方在於，國度呼召是跨教會和跨地域，就像那時候保羅沒有留在安提阿的教會裡，彼得雖然創立了耶路撒冷的教會，後來也因為見到異象而去做國度的事。

有人問我：「孔老師，你現在做的這些事情是自己想出來的嗎？」實際上，確實有一部分的原因是出自我喜歡在工作上與人互動（熱情），另一個更大的動力是源自神對我的呼召。

神為了預備我目前投入的職場宣教，在過往四十年的職涯中，祂不斷操練我的唯一，讓我：

- 從專業者到管理者——技術及管理的融合
- 從半導體到通信業——硬體及軟體結合
- 從電腦到資訊界——高科技及網路融合
- 從東方社會到西方社會再回到東方——東西方文化融合
- 從跨國大企業到中國創業——大企業及小企業融合
- 從美國公司到中國公司——美國經驗與中國經驗的融合
- 從成功到失敗再到成功——成功與失敗的融合
- 從科技企業到諮詢企業——企業與教育的融合

在此同時，神還在我心裡放了一個國度觀。不同於一般教會觀認為，每一位基督徒都應該只在各自所屬教會中，按照神的恩賜來忠心事奉神，在教會發揮影響力。**而國度觀的概念是，基督徒應該結合神賜的才幹、個性、職場的經驗，在神國度中找到自身的定位，勇敢活出命定。**

因此，職場基督徒可能的人生軌跡，可以分為下列這三部曲：

一部曲：上半場工作經驗（世界上的成功）

二部曲：中場操練（逆境中靈裡操練）

三部曲：下半場國度事工（與神計畫有關的使命）

▶效法耶穌，投入職場宣教

我所以在人生下半場走上職場宣教的路，除了上述個人

的經驗，以及從神而來的領受之外，耶穌的宣教精神及路途也是我效法的圭臬。

從新約福音書中可知，耶穌從來沒有說人們必須要進到會堂（如同當今的教會），祂才會協助解決問題。相反地，耶穌一直關注著人們生活的地方，以及他們的工作場所，甚至還親自跟稅吏、妓女，以及社會底層的邊緣人直接接觸，並施行醫治和拯救。耶穌也是在工作場所呼召門徒，在打魚的地點呼召漁夫，在稅關上呼召稅吏。

一本有關信仰的英文刊物上記載，新約提及的 132 處公共場所，有 122 處是工作場所；耶穌講述的 52 個寓言中，有 45 個是與工作相關的；〈使徒行傳〉裡的 40 個神蹟，有 39 個發生在工作場所中。所以，我們應該效法耶穌職場宣教的精神，在接受裝備之後，走出四面牆的教會去職場宣教，並且影響外邦世界。

圖 2-9 是我歸納出耶穌如何傳福音及門徒訓練的過程：

1. **群眾**：耶穌向五千人傳講真理的福音，吸引了很多群眾，但群眾的本質就是能使人迷失在其中，不能將異象等同於跟隨群眾的多寡。

2. **旁觀**：耶穌對小部分人教導神的原則，帶來人改變的起點，但知識型的教導產生了許多旁觀者，只參與其中而不願意付代價。

3. **門徒**：耶穌服事群眾的目的，是要從其中呼召人出來，認同耶穌而肯付代價，耶穌差派七十個門徒出去行道帶出實際行動。

圖2-9 以耶穌為榜樣：如何傳福音及做門徒訓練

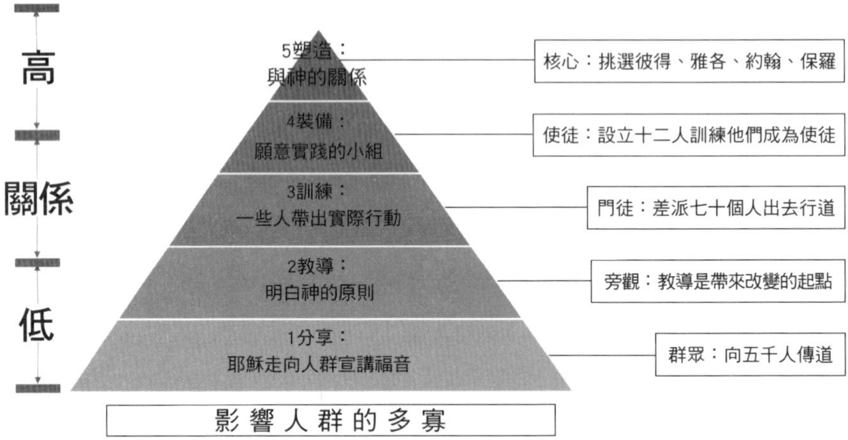
高
關係
低
5塑造：
與神的關係
4裝備：
願意實踐的小組
3訓練：
一些人帶出實際行動
2教導：
明白神的原則
1分享：
耶穌走向人群宣講福音
核心：挑選彼得、雅各、約翰、保羅
使徒：設立十二人訓練他們成為使徒
門徒：差派七十個人出去行道
旁觀：教導是帶來改變的起點
群眾：向五千人傳道
影響人群的多寡

4. 使徒：耶穌設立十二個門徒，訓練他們成為使徒，並把祂絕大部分的時間及事工侷限在他們身上，門徒訓練基本上是個建立關係的過程，若非十二門徒，耶穌的教義、工作、使命可能在被釘十字架後從人間消失。

5. 核心：耶穌從十二使徒中，挑選了以彼得、雅各、約翰為核心小組，在山上變像及客西馬尼等特殊時刻帶著他們，以祂的生命注入到他們的生命裡，繼續祂的工作；耶穌也如此親自呼召了保羅為外邦使徒。

我曾經跟人分享說，在實踐職場宣教這個大使命的過程中，我的效法對象就是耶穌，而且對比耶穌那個時代，醫治的都是身體有困難的人，我現在做的職場宣教是解決現代人精神上的困難，因為靈命上的匱乏其實也是一種貧窮。

耶穌曾經使：「瞎子看見，瘸子行走，長大痲瘋的潔淨，聾子聽見，死人復活，窮人有福音傳給他們。」耶穌時代身體上有缺陷的人，就如當今精神上有痛苦的人一般，而我們要做的就是使這些人得醫治：

瞎子看見——幫助職場基督徒在工作及人生迷茫中，看到未來。

瘸子行走——使工作中跌倒、失敗的基督徒，再次站起來。

長大痲瘋的潔淨——扶起自認不再有用的基督徒，繼續向前行。

聾子聽見——讓在工作上自暴自棄的基督徒，重拾信心。

死人復活——藉著一對一的輔導讓生命改變生命。

窮人有福音——教導他們以工作、職場為切入點，向非基督徒傳福音。

▶職場宣教的策略思維

我從事職場宣教的策略思維就是，自 2014 年起，每年固定會到六個策略性城市，一年三次做巡迴職場宣教。鎖定的族群有兩個：一是企業高管和企業家等，可以在工作上影響到整體公司運作的人；二是對職場宣教很有熱情、願意委身的人。

這些城市當中，亞洲部分有上海、台灣、北京，每次巡迴共一個月時間，每年在亞洲三個月做職場宣教；北美職場宣教城市有波士頓（美東）、休士頓（美南）、舊金山市（美西，規

畫中），每個城市每次停留一週時間，每年有九週在北美做職場宣教。

我在每個城市都會與當地一個職場傳福音有關的組織合作，每個城市有五到十位認同此一異象的核心同工，用奉獻的心態，有系統地做以下職場宣教的事工（如圖 2-10）：

1. **分享**──國際扭轉力學院：信仰 + 工作的線上及線下的學習平臺。

2. **教導**──職場課程：如何將工作做好，歡迎非基督徒參加（福音預工）。

3. **服事**──教會事奉：(1) 主日信息、(2) 專題分享、(3) 建立職場事工。

4. **裝備**──人生講座：如何過好一生，資深職場基督

圖2-10 社會貢獻者，是職場宣教的實踐、傳承與成全

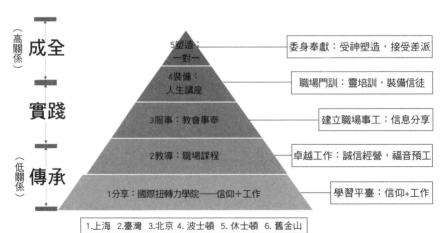

徒（職場門訓）。

5. **塑造**——一對一輔導：生命改變生命，受神塑造、接受差派、執行使命。

▶系統執行：職場課程＋人生講座＋一對一輔導

■職場課程

重點在於教導用對的方式將工作做好，其內涵如下：

1. **福音預工**：將基督徒的世界觀、工作觀，價值觀介紹給非基督徒，從工作的角度切入傳福音。

2. **卓越工作**：實際幫助參與者在工作上能有所作為。內容以案例（講故事）及理論並重，針對：專業者、經理人、領導者、企業家的職責不同，教導其如何用對的方式將工作做好。授課以教導、分組討論、對話、課後輔導並重。

3. **誠信經營**：在授課中帶出許多聖經原則，如不欺騙、不自私、不驕傲等，以實際可行的例子在每日工作中實踐出來。

4. **僕人式領導**：教導如何將愛及生命的正確價值觀，融入在管理及領導的職責中，以及如何在以慈愛（對人）及公義（對事）並存的原則下處理難題。

5. **實際效果**：幫助在職場叢林中束手無策的年輕人，以及突破不了職涯天花板的中年人，並教導其在突破困境的過程中，成為傳福音以及門徒訓練的契機。

表2-11 創新創業系列課程——贏在扭轉力

職場階梯	職場領導力	案例研討	企業領導力
1. 專業者	傑出的專業者	追求卓越	獨立思考力
2. 經理人（Ⅰ）	出色的經理人	破釜沉舟	執行領導力
3. 經理人（Ⅱ）	卓越的領導者	借力使力	創新領導力
4. 領導者（Ⅰ）	逆向思維領導	草船借箭	策略領導力
5. 領導者（Ⅱ）	全球運營領導	暗渡陳倉	膽識領導力
6. 領導者（Ⅲ）	勇者不懼領導	直搗黃龍	情緒領導力
7. 創業者	執著堅持創業	反敗為勝	誠信領導力

職場困境　　經典案例　　企業瓶頸

■人生講座

　　屬於一種職場門訓，專門教導基督徒在活出生命的歸屬中如何過好人生，其內涵如下：

　　1.職場門訓：從人生及工作面切入來傳講神及神的話語，因此是道理（生活）及真理（生命）並重，但生命帶領生活，符合職場各階層人士靈命造就的需求。

　　2.受神塑造：啟發職場門徒在與神的互動中，找到自己的人生使命以及真實的身分，在此基礎上，受神呼召、得神差派、活出自己的命定。

　　3.講座主旨：活出有意義的生命是每個人的靈性渴望，而此欲求有賴在生活層面逐一地體現，因此如何活出豐盛的日常生活，決定了每個人的生命價值。

4. **基本架構**：講座從具體可見的身心需求、情感需求、智識需求切入，在這些基礎上，了悟到不可觸摸但真實存在的靈命需求，因而達到天人合一的境界。

5. **觀念更新**：(1) 雖然沒有 100 分的生活，但可以有 100 分的生命；(2) 如何藉由交託，而能因信稱義、因義成聖；(3) 如何由生活中的獲得，轉化為生命裡的奉獻。

■一對一輔導

則是強調，在面對面互動中如何用生命影響生命，其內涵如下：

1. **職場難題**：輔導總是以職場問題開始，在快速瞭解狀況後即使已有解決方案，也不會立即給答案，這包含個人的輔導及對企業的診斷。

2. **人生反思**：開始將配偶、家庭的考量切入話題中，提醒學員工作不是單方面的事，並藉此反思更大的人生問題。

3. **影響生命**：將自己生命付出，得到許多人的生命改變，方有永恆的價值，信仰不是哲學、思想而是生命。

4. **受神塑造**：建議學員將目前的逆境與其生命軌跡連貫起來，並以聖經人物的故事作為啟發及鼓勵，帶領他們直接受神塑造，並以禱告結束。

5. **課後作業**：幫助學員將來能自主思考解決問題，而不是一味地只求一個當下的答案。

6. **優先次序**：(1) 核心同工、(2) 人生班學員、(3) 職場班學員、(4) 每年約 200 人次／每人 50 分鐘。

▶教會為何要建立職場事工？

■職場事工的重要性

人們每天很大一部分的時間都花在職場上，不論是專業人士、公司老闆，還是家庭主婦，基督徒也不例外。也就是說，職場是基督徒生活最主要的一部分，所以基督徒能否在職場榮耀神，活出基督的樣式、與眾不同，並按照聖經原則做好份內工作，成為好見證也使靈命成長，就顯得格外重要了。

職場事工不僅僅是宣教，而是基督徒每天生活中最重要的一部分，也是基督徒經歷神、服事神，使靈命成長、生命改變的重要組成；教會常誤認為，只要加強基督徒靈命的教導，其他生活上的事都能迎刃而解，因此在基督徒工作壓力加劇的狀況下，職場事工的缺失，便成為教會增長的軟肋之一。

■職場事工在教會的組織架構中的定位

既然職場事工不僅是宣教或福音預工，而是基督徒生活最重要的一部分，使其生命得到改變、靈命得到成長，那麼職場事工就應該成為教會最主要的事工之一，由長執會直接授權，而不是隸屬宣教部底下某個事工的一部分，偶爾才推動一下。

■職場事工在教會中推廣的策略

與一個職場宣教機構建立合作夥伴的關係。此職場宣教機構將積極配合教會，並提供職場事工相關的資料及訓練課程等；或者是，挑選幾個在工作上最需要幫助的小組，在聚會中穿插幾次專門討論，分享在工作上所遭遇的困惑或難題，以此引起大家對職場的專注並開始對外尋求幫助。

▶神帶領下的職場宣教願景及策略

每次參加華人的差傳大會，都有好幾百人回應宣教的呼召，除了傳統的傳道人與宣教士之外，其中最大一部分受呼召的人，是回應雙職事奉的呼召。也就是說，要在職場上做宣教的事工。

說到這裡，大家可能會好奇，傳統宣教已經很好了，為什麼還需要職場宣教呢？那是因為普世教會已經面臨了下列三大瓶頸：

1. 如何有效地向「10/40-window」傳福音？
2. 如何向年輕世代傳福音？
3. 如何關懷、幫助，以及影響社會？

若想要有效解決這三個難題，便需要職場宣教來彌補傳統宣教的不足（請見表 2-12）。

以第一個難題來說，「10/40-window」那些國家之所以很難廣傳福音，並非缺乏足夠的宣教士，而是因為那裡都是文化

表2-12 傳統宣教與職場宣教的區分及互補

	傳統宣教：信仰的角度切入	職場宣教：工作的角度切入
相同	傳福音 做門徒訓練	
相異	差派牧者、宣教士、傳道人 委身於教會、牧區、宣教工場	差派帶使命的專業人士、企業家及商人、職場聖職人員 委身於職場、國度

與宗教屬性特別強的國家（伊斯蘭、印度教、佛教），在這些國家用信仰角度切進去，那等同於跟他們是對立的，恐怕連簽證都拿不到，或者就算拿到簽證也是一天二十四個小時被監督，根本無法讓福音在當地扎根。

反過來說，若是改用職場宣教的角度切入，差派帶使命的專業人士、企業家及商人進駐當地，協助「10/40-window」的國家及社會發展經濟，相信當地政府也會樂於敞開雙臂歡迎。

其次，針對如何向年輕世代傳福音的難題。眾所皆知，傳統的講道方式已經難以吸引和取信年輕人，因此若是能在教會成立職場中心，在工作上幫助並吸引年輕人，或許更有機會將他們留下並委身在教會。

至於要如何克服關懷、幫助，以及影響社會的難題，我個人認為，差派職場領袖走出教會，進入職場及社區建立基督的身體，便能藉此關懷、幫助，乃至於影響社會大眾，只不過在此同時，教會也要有人來定期牧養這些職場領袖。

圖 2-13 是我這去幾年做全職職場宣教的經驗，及其願景和策略：

1. **教導（老一代）**：目前為止，我做職場宣教事工主要在這一層，也為此寫了有關工作方面的書《贏在扭轉力》，及有關信仰方面的本書，但未來的重點會開始往上幾層移動。

2. **教會**：未來策略重點之一，是協助認同職場異象的教會，成立職場事工部或中心，使職場成為教會將來的最大禾場。

3. **訓練（中一代）**：在六個策略城市中，感召很小一批願

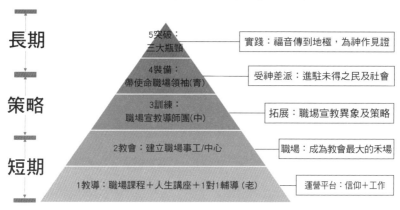

圖2-13 神帶領下的職場宣教願景及策略

願景：回應大使命的內容及範圍的呼召

意委身職場宣教的有影響力基督徒，成立職場宣教導師團，接受密集訓練，成為職場宣教承先啟後的中生代接棒人。

4. **裝備（青一代）**：帶使命的企業家、商人、專業人士受神差派，配合中國一帶一路的經濟政策，進駐未得之民的國家社會，立根當地做職場的宣教士（雙職）。

5. **突破**：這圖 2-13 所要做的事，愈往上走就愈需要神來開路，不是單靠人的力量就可以完成的，所以我也是只做自己該做和能做的部分，其他就交在神手裡。

當前教會最大的挑戰及機會，就是在職場。職場是當今文明社會中最大的禾場；是對年輕人最有效傳福音的方法；是對未得之民最受歡迎的宣教方式；是基督徒經歷神及靈命進深最有可能的場所；是教會增長最缺乏的事工及相應的教導；亦是

基督徒退休後，最有意義全職事奉的福音事工。基於上述這些
理由，教會成立職場事工的必要性和迫切性，不言可喻。

 **孔老師的心靈討論室**

Q1：

為了完備教會，神賜信徒牧養、教導、管理的恩賜以做祭司，先知、君王的職份，在目前神學院及教會的體制中，對那種恩賜的培養最為缺乏？而其結果為何？

Q2：

回望過往的職場生涯，你是否看出神為你操練出什麼樣的唯一，以及預備運用那些唯一來從事什麼樣的福音事工？

Q3：

若你是身為基督徒，希望從教會那邊得到什麼樣的工作協助？若你身為教會牧長，計畫提供給會友們哪些工作或職場宣教上的協助？

身心需求

載體篇

| 謙卑順服：相對與絕對 |

以謙卑態度對應驕傲的世代

凡自高的，必降為卑；自卑的，必升為高。

✳

擔任教會神職人員的 Mark，這次和我碰面顯得有些慌張，原來是有一堆憂心等著述說。

「這陣子我被教會幾個年輕人追問說：『人造的機器已經比神造的人更厲害，所以科技應當比神更偉大，是不是？』對此，我根本無言以對，孔老師，我該怎麼辦才好呢？』」

「先別急，慢慢說是怎麼一回事？」我試著緩和 Mark 的情緒。

「孔老師，事情是這樣子的，」Mark 接著敘述：「當計算機運算速度達到一定程度時，許多科技精英就想證明機器能與人一樣有自我思考和自發學習的能力，並將此定義為人工智慧（AI），而最容易做的實驗就是與真人下棋。自 1997 年 IBM 的『深藍（deep blue）』電腦擊敗世界西洋棋冠軍後，『人機對決』就成為媒體關注，並在網路上大肆渲染科技進步的標竿，但一般認為電腦要在圍棋中取勝要困難得多，因為圍棋的分支因數大大多於其他棋藝。」

「確實，但後來情勢又有所不同了。」我鼓勵他繼續往下說。

「沒錯，在 2016 年 3 月 Google 的 AlphaGo 人工智慧圍棋機器，在一場五番圍棋比賽中，擊敗了世界頂尖九段職業棋手，爾後又在 2016 年 12 月 29 日到 2017 年 1 月 4 日，借非正式的網路快棋挑戰中、韓、日、台的頂尖高手，其驚人的棋力轟動棋壇，因為機器六十戰全勝，計算機擊敗世界上最好的棋手，已經比預期提前了十年。」

更令人感到憂心的是，這些頂尖高手到了九級，功力已經很難進步，但科技能讓電腦運算速度愈來愈快、也使頻寬愈來愈寬，人類在很多方面即將輸給機器的命運，似乎已經難以扭轉。

「這確實是一個人類可能面臨的危機，但為什麼這件事情讓你這麼擔心？」我反問 Mark。

「因為我們教會是以年輕人居多，對科技與信仰方面的討論或爭論也較多，AlphaGo 這則新聞太震撼了，似乎證明了科技影響並主導人類的程度，已經愈來愈高於神。眼見一批批年輕人離開教會，讓我既擔心又痛心。孔老師，你能理出一些頭緒，並告訴我們該如何面對這沮喪的局面而重拾信心嗎？」

我同理 Mark 的心情，並向他說明：「在以上幾個不相關的事件中，都有著一個相同的主軸脈絡，就是直接挑戰到了基督宗教的根本信仰。這代表西方社會已從純正基督信仰的絕對價值文化，轉變為世俗基督信仰的相對價值文化，其中歷經了現代主義和後現代主義的思想變革，然後以自由主義的方式全

力推向全球。這思潮起源於將近九十年前的歐洲，後來轉而以美國為主，並在全世界上加速擴張當中，我們看到以及面對的這些事情都只是冰山的一角。」

「但你們不要因此失去信心，因為聖經中記載了許多人類集體挑戰、背叛神的事件，整體事件中似乎追循著一個規律，就是：(1) 科技掛帥、(2) 精英主導、(3) 經濟繁榮、(4) 國力擴張、(5) 功利思維、(6) 人心從謙卑敬畏感恩神到驕傲自大目中無神、(7) 道德淪喪腐敗、(8) 最後神必介入以歸正。驕傲的人類不斷在走悖逆神的老路，以過去一百年發生的事情來說，首先是工業革命引發了現代主義，然後資訊革命帶動了後現代主義，最後網路革命掀起了自由主義，人類一步步的從不信神到挑戰神，至終還想取代神，神必然會介入而使之歸正的。」

● ● ● ● ● ● ● ● ● ● ● ● ● ●

關於謙卑，古有明訓提醒我們「滿招損，謙受益。」在這篇文章裡，我是要從聖經的角度來告訴大家，謙卑與驕傲的分別。

簡單來說，一個相信「相對（世界）」的人通常是驕傲的，相信「絕對（靈界）」的人則傾向謙卑。對應世界所追求的相對，靈界的運作定律一直很絕對，像聖經中就曾經很清楚地表明，有光的地方就沒有暗的，光一進來暗就沒有了，反之，光一沒有就變成暗的了。

世界抱持的觀點就不同了。世界常把黑暗以黑色來表徵，

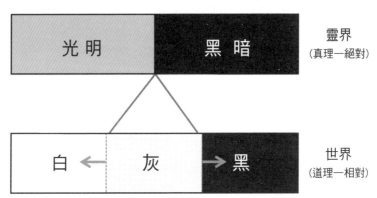

圖3-1　世界的亂源——人自認能分別善惡，從絕對到相對

把光明用白色表徵，這便意味著很多事情同時存在著灰色地帶（請見圖 3-1）。這也就是為什麼，當人們針對某一個議題爭論，常會出現一些「似是而非」的觀點，最後決策往往也是看支持黑的人占得多，還是支持白的人占得多，完全罔顧真理的絕對性。

對我們個人來說，絕對與相對的選擇往往是在一瞬間，當我們面對客戶的提問中，明明內心要我們誠實以對，但腦中閃過人人都是這樣做的念頭中就說了謊話，也因為如此我們會做出違背內心的自私及驕傲行為。

當我們忽略了絕對而追求相對時，便等同於摒棄神而選擇世界，甚至自以為是制定世界遊戲規則的巨人——這不正是人類驕傲敗壞的顯現？

▶工業革命，引發現代主義

工業革命造出人類的第一部機器，也引起了人類跟機器的第一次對決。

■工業革命：人類的第一部機器

引擎（engine）：十八世紀中葉，英國人瓦特發明蒸汽機，是人類有史以來做出第一個會自動運轉（即為機器）的東西，從此人類與機器結下不解之緣（科技掛帥）。

體力（physical）：人類的體力在自然界是個弱者，不同引擎裝入不同載體後便能使人類上天下海，並以超越任何神造動物的速度，在陸海空中快速進行，像是飛機能比老鷹飛得更快、汽車也比豹跑得快、潛水艇也比深海的任何魚種游得更快。人類也可以藉著機器像是使用起重機，驅動原本千百倍的力量（增強人力）。

市場（market）：以前在農業社會沒有市場概念，都是以物易物。引擎造出的陸、海、空實體公路，讓人的身體動了起來，同時也將貨物運轉起來，人類開始有市場的觀念（經濟繁榮）。

資本（capital）：市場帶動生產，生產帶進資本，資本成為工業社會最稀缺也是最有價值的資源（精英主導）。

■人類與機器的第一次對決

城市（city）：科技解決了人類逐水而居的自然限制，像是

機器幫助人把物質從一個地方運到另一個地方，使地區變得富裕起來，促進了人類城市化（人類開始聚集），愈來愈向巴別塔那時候的樣子。

富足（richness）：資本主義的初始階段實現了人盡其才、物盡其用、貨暢其流的理想社會，人類首次享受物質充裕的富足（人享受安逸）。

驕傲（pride）：人類發現人造的機器能夠克服自然（神造的）而更有能力、建立起比以前（神造的）更理想的社會、享受到原本（神造的）沒有的富足，因而自高自大。

挑戰（challenge）：驕傲帶出挑戰，在社會精英提倡人比神還能幹的情況下，人類開始挑戰神的全能、全知、全善屬性，而且隨著自我意識抬頭，也開始質疑聖經中那些神超理性的作為，當人類在實質上已不信有神了，現代主義思潮就開始在歐洲誕生。

■工業革命：引發現代主義

傳統的基督宗教思想，自此受到現代主義的質疑和衝擊，兩派思想的歧異主要可分為五點：

一、聖經本身：基要派認為，聖經當中一字一句都是神所默示，不會有任何錯誤，人亦是神「超自然」創造的結果；現代派則以為，聖經雖然是很好的生活指導，但從歷史和科技的角度來講還是有錯誤，而且認為人類是進化而來的。

二、耶穌降世：基要派主張，耶穌的降生是超自然，而且是由童貞女懷孕所生；現代派則傾向，童貞女生耶穌這個故事

純屬寓言。

三、**贖罪問題**：基要派相信，耶穌在十字架上的死是替人贖罪的挽回祭，繼而把神對人的憤怒，變成對人的饒恕——因信稱義（罪與愛並重）；現代派則認為，耶穌到來只是代表有個人到世上做了一些博愛的事情，不是為了解決罪的問題——只講愛（討好人）、不提罪（抬高人）。

四、**復活問題**：基要派相信，耶穌肉體復活是必須的，否則就沒有勝過死亡；現代派雖然承認有天堂的存在，卻定義天堂只是靈魂去的一個地方，而非肉體復活的去處，所以也就不

表3-2 現代主義不信神蹟及預言

聖經	基督徒看法	世人看法
創世紀	• 神的作為 • 記載世上一切事務的起源	• 神話
神蹟奇事	• 神藉著相信者的作為 • 神介入世界，確切發生 • 將來還會發生	• 寓言，以比喻帶出神的教導及旨意 • 神沒有介入，事件沒發生過
預言	• 先知受神的異象及異夢的啟示，而說的話及寫下的文字	• 事件發生後再補寫出來的
啟示錄	• 神的啟示 • 記載宇宙結局及新天新地的開始	• 是人想像出來的

相信耶穌再來。

五、耶穌再來：基要派相信，耶穌就要駕著雲彩，以肉身再度降臨世界；現代派則認為，耶穌再來的說法只是一個詩意象徵。

藉由前述的比較便不難發現，基要主義常被視為是保守思維，現代主義則自詡代表進步的思想。更令人感到憂心的是，現代主義愈是把人提高，神的地位就愈是被降低，此一現象在西方社會尤其嚴重，所以我們會看到歐洲漂亮的天主教堂很多，卻很少人去聚會，只有在聖誕節才去望彌撒，顯示信仰的影響力已經逐漸式微，絕大多數人早已不信神（請見表 3-2）。

■現代主義出產世俗基督徒

理性思維及科學至上社會中，許多基督徒懷疑聖經真實性，尤其對聖經中的神蹟及預言都持保留態度。他們大多認為，聖經中的神蹟只是作者所寫的神話、寓言、比喻，藉此帶出神在其中的道德涵義及神的旨意，但這些事並未真正發生，預言是事後才補進去的。

理性思維強調的是若不合理、沒法證明就不存在。科學講究的是眼見為憑、實證為王；不相信神蹟及預言的結果就是將其從聖經中除去，而聖經少了神蹟及預言，等同否認神的存在。如此，聖經就成了一部殘缺不全的人類歷史及哲學書，與其費時間去讀並相信聖經，倒不如去讀歷史或哲學書來得實用。

▶資訊革命，帶動後現代主義

■資訊革命：人類的第二部機器

第一步機器誕生於十八世紀的歐洲，第二部機器則是出現在兩百年以後，二十世紀的美國，由計算的機器和通信的機器共同組成。

計算（computation）：自二十世紀中，美國貝爾實驗室研發出電晶體（Transistor）後，蕊片（IC）及軟件（SW）的不斷進步，組建出一個強而有力的計算機器（Computer Engine）。

通信（communication）：有線、無線以及衛星通信，藉著新材料的發現、新技術的發明，不斷突破頻寬（bandwidth）的限制，將大量的數據以快速、低價的方式，傳輸到消費者手中的產品，組建成通信機器（Communication Engine）。

網路（network）：互聯網（Internet）能將各類本地網路有效地連結，使得任何人都可以藉著此平臺互聯互通。

內容（content）：各種類型的內容以各自不同的媒體（media）形式，在通信、網路機器及平臺上快速流通。

思想（thoughts）：相較於工業革命將人的身體（體）動了起來，資訊革命是將人大腦的思想和精神（魂），以電的速度動了起來。

■人類與機器的第二次對決

人與機器的第二次對決，比起第一次對決就厲害太多了。

主僕：在不久的將來，人類每天的生活會跟著雲端發出的

指令、藉著物聯網（IOT）、大數據（Big Data）、無人駕駛的
交通工具等組成的機器而行動，人類以後就會變成機器的奴
隸。

　　工作：人造的機器擊敗世上最好的棋手，機器擊敗世界上
最有知識的人，諮詢機器的正確率比專業人士高得多，機器診
斷癌症比醫生準確好幾倍，不需要休息、進食、不需要工資，
不會請假的機器人將與人並肩工作，只是通才而沒有專精特色
者會整體失業。譬如說，銀行裡面的銀行員、餐館的服務員及
汽車的駕駛員等，這些都是通才，都會被取代，所以 XQ 就變
得非常重要。

　　人工智慧：全世界的科技精英迫不急待地要證明，人造的
機器（人）比神造的人更有長遠推斷能力，更能在自發學習中
進行直覺訓練，以提高下棋（解決難題）、做正確判斷（決策）
等工作能力，到了 2030 年，機器將變得比人類更智能。

　　後現代主義：當今世界上的精英及年輕人篤信（人類理性
創造出的）科技，比（非理性的）神的創造更能帶給人類健
康、長壽、環保，以及更多自我實現的機會，因此認為人比神
更偉大、甚或神根本不存在。

■資訊革命帶動後現代主義

　　關於信仰：後現代主義信仰（Post-Modernism）主張，
人本質上是好的，人是宇宙中最偉大的存在者；人是自己
命運的主宰者；人自我決定成就及知識的範疇；除自我獨
一判斷之外，沒有道德標準可為他設限；沒有神，沒有絕

對（absolutes），也沒有永恆支柱點。

基督基要信仰（Fundamentalism）則是認為，自有、永有的全能神創造了有形及無形的宇宙；這位活著又全知的神保持並推動世界過去、現在及未來；神建立了絕對的道德標準並且期望世人去遵守；祂是聖潔、愛人，而且是人性化的。

關於人生觀：後現代主義宣稱，人是主導世上事物發生的主角，人製造真理，世上沒有絕對，因此篤信科學、崇拜科技。這一類的人生觀受世界上各方面的學術、企業、文化、媒體、政治界……的精英追捧（驕傲）。

基督信仰基要派則是相信，神是有主權性的，而且神積極的、時時在世界上參與，人應尋求真理及絕對。這一類的人生觀通常只侷限於以宣教及福音為主的教會中（謙卑）。

▶網路革命，帶出自由主義

經濟主導：自上世紀七〇年代始，西方資本主義在與蘇聯社會主義的較量中漸居優勢，雷根及柴契爾政府大力宣揚自由主義，顯然自由主義代表了國際壟斷資本的根本利益，是西方資本主義擴張的主流價值觀。

全球化：西方精英不遺餘力地宣傳世界是平的，要除去所有的貿易壁壘、關稅、盡全力將其優質產品和服務推向全球的同時，也將「人類至上」的自由思潮以人權、民主為包裝，推向世界各個角落，並不惜以戰爭來對付反抗者。

相對價值：在人類至上的無神論者眼中，任何持有絕對價

值觀的宗教信仰，都被攻擊為頑固不化、阻礙人類進步、破壞社會和諧，是愚蠢（無知）及危險的（迷信），所以要盡一切可能將其剷除。

平權：世界上某些地區通過「同性法案」以及「跨性別廁所令」，何以極少數人的權益，卻能取得多數民眾的力挺？原因就是受了自由思潮的相對價值——人類至上、人權第一的平權運動——的影響。

自由主義時代發展出的互聯網，將可統一人類思想及口音，最後將如同〈創世紀〉11章1節所言：「那時，天下的口音，言語，都是一樣。」下列的一些現象也將油然而生。

1. **主僕之別**：昔日是人告訴互聯網做什麼，所以人是主人、互聯網是奴僕；未來是互聯網告訴人要做什麼，所以互聯網是主人、人類是奴僕。

2. **生活中心**：未來的人類不論在工作、家居、活動、購物、生活等各方面都離不開互聯網，雲端發出的指令是引導人類如何生活的中心，沒了互聯網，人類便無法獨立生活。

3. **我是誰**：相信不久的未來，會有晶片植入人體，把人變成互聯網的一部分，所以互聯網中的「大數據」比你更瞭解自己，互聯網會告訴你「我是誰」。

4. **不歸路**：互聯網科技帶動的各界精英在已開發國家中，掀起了漸漸疏遠神、只求生活安適，並擴大宣揚己名的一條不歸之路。

5. **世界中心**：未來全人類的政治、經濟、文化，以及生計都在互聯網上，人工智慧主導的互聯網，是未來世界的共同語

言及統一的思想中心。另外，在可能的未來，敵基督就在得互聯網後得天下，以綁架人類。

　　過去一百年間，由於世界經濟蓬勃發展，人類在對物質的盲目追求中失去尊嚴。時至今日的二十一世紀，絕大多數的人已不相信在人間仍有真、善、美的存在，以自由主義為基礎發展出來的人類價值體系，也逐漸走向道德淪喪。

▶基督徒的盼望來自於——神必介入

　　即使人類集體背叛神並想取代神達到頂峰、而似乎難以挽回時，神仍有能力介入使其歸正。這樣的堅信來自於，瞭解宇宙中任何事件的發生分兩大類：主要原因（primary cause）、次要原因（secondary cause）。

　　主要原因是看不見的靈命世界，是原本就存在的，就是神本身；次要原因是看得見的物質世界（宇宙），是主要原因創造出來的，所以只有主要原因能改變次要原因，任何再強勢的次要原因，也不可能改變或取代主要原因。

　　人的被造中，身體（體）和大腦（魂）是屬於次要原因中的物質世界，只有靈命（靈）是在主要原因裡。工業革命將人的身體動了起來，並加添人類身體的能力，資訊革命及網路革命將人腦中的想法動起來，並造出可能比人腦更優秀的機器腦，但這一切都是次要原因中的產物，人造出的機器不但不可能取代神原創中人擁有的自我覺察（self awareness），而且在神的時間到的時候，神必從主要原因中改變或毀滅次要原因。

■宇宙的規律性有兩大類

1. **主要原因**：是原本存在的、不可複製。主要原因是絕對的，所以人類對其只能知其然而不知其所以然，這就是真理，屬於靈命世界。

2. **次要原因**：是在主要原因存在基礎上形成的規律。次要原因是相對的，所以人類可發現、解釋並複製其成果，這就是定律，屬於物質世界。

接下來講到宇宙的觀念。現代主義的人相信宇宙是大地之母演化而成的，但身為基督徒的我們，相信宇宙是由慈愛天父創造的，祂可以介入。也就是說，前者相信的宇宙觀是封閉的、後者堅信的宇宙觀是開放的。現代主義的人只相信左邊存

圖3-3 神的創造（主要原因）與人的複製（次要原因）

神的創造（主要原因）——從無到有

II. 次要原因（果）	I. 主要原因（因）
1. 發生什麼——科學	1. 為何發生——信仰
2. 物質世界——宇宙	2. 靈命世界——神權
3. 看得見——生活	3. 不可見——生命
4. 規律而清楚——可以複製	4. 無規律不清楚——不可能複製
5. 理性、定律——世界觀	5. 超理性、真理——國度觀
6. 可以被證明——是受造物	6. 只能相信——對象是創造者
7. 必朽——相對、暫時	7. 不朽——絕對、永恆
8. 人的魂、體——受制於時空	8. 人的靈——超越時空

人的複製（次要原因）——從有到優

在，但堅信神的人是相信左邊存在、右邊也存在，而且右邊可以改變左邊（請見圖 3-3）。

■我們也要堅信聖經的一致性

〈創世紀〉1-2 章提到，神創造天地並將人安置在美好、無罪的伊甸園中，神與人同在、神人合作、關係和諧；〈啟示錄〉21-22 章則是說到，神在毀滅現今的世界後，在聖城耶路撒冷從天而降中重建新天新地，神與無罪的聖徒同在，直到永恆。

至於聖經中間的經文則是記載了，以色列人及世界上的人想要自救而集體墮落的歷史，所以需要神的拯救。

除了以上的信念之外，當我們正在經歷對我們信仰直接衝突而讓我們有無力感的外力時，我們要記得神在先知以利亞感受到只剩下他孤單一人時鼓勵他說：「我在以色列人中為自己留下七千人，是未曾向巴力（世界）屈膝的」，所以我們要堅信神必賜給我們同一戰線上的戰友。

耶穌也說過一個「法利賽人和稅吏禱告」的比喻，告訴我們在面對驕傲的人及世代時，要以謙卑順服神的態度以對，神必不拋棄信靠祂的人，並帶出「凡自高的，必降為卑，自卑的，必升為高」的真理。

科技與金錢一樣是中性的，人要學會的是成為它們的主人而非僕役。金錢不是萬惡的根源，而是貪財的心，科技亦然，因此基督徒不應盲目地反科學、反科技。教會也要教導基督徒正確的工作觀及金錢觀，而非因為視其為世俗而拒絕在教會之外。

孔老師的心靈討論室

Q1:

信仰受逼迫與信仰參雜,哪一種對教會的衝擊更大?

Q2:

試討論以神為本的人權與以人為本的人權的不同處,以及所帶出不同的結果。

Q3:

你對現代科技、機器人及互聯網對人類全面的影響持何態度?

2

| 內心平安：動力與靜力 |

動力加靜力，畫出精彩生命軌跡

身體的鍛鍊在動中，靈命的操練在靜中。

❋

當我看到五十五歲的 David 時，直覺告訴我，他不是簡單人物。這樣的判斷不單單只是從外表的裝扮，還有他眉宇之間流露出來的一種精明神氣，那可是裝不出來的。

而且，不同於大多數的輔導個案，一坐下來就急著講述自身困境，David 反而是先說出對我的觀察。一開口，他就斬釘截鐵地說：「孔老師，你是一位內心篤定而且有平安的人，你一走進來這個空間，我就能覺察得到。」

我笑了笑。David 接著說：「其實這樣的感覺我小時候也曾經有過，但在長大的過程中就漸漸失去了。直到現在，我雖然什麼都有了，投資產業還遍佈全國，所到之處，人人也都是高規格接待我，但我卻失去了內心的平安。如果可以，我願意放下一切來換取這樣的平安……」

我知道 David 說這話是認真的。這些年來，因為想尋求內在的平安，他不知道走訪過海內外多少的「大師」，希望從他們身上習得平安之道，甚至還為此學過道、修過佛，無奈對他

來說還是不管用。

這天，為了與我見面，David 同樣秉持著追尋的精神，特地遠道而來。但因為過去的挫敗經驗實在太多，他已經不抱持什麼期待，只是以探問的態度來瞭解我能幫他些什麼，像是能不能幫助他再重拾過往的那種平安。

在直接為 David 解惑之前，我先丟出一個問題：「你還能聽得到自己內心的聲音嗎？」結果他反問我：「什麼是內心的聲音？」

「內心的聲音就是對你最真實的指引，若你執意誠心地去求問，就會聽到神默默在跟你說話。」

「我要如何聽到我內心的聲音？」

我慢慢向 David 解釋說，聽見內心聲音的首要之務，就是要先製造一個環境，讓深藏內心的神出來對你的心說話。至於要如何製造那樣的環境，關鍵在於靜下來，因為聖經中也教導我們在靜中方能見神的真理。

聽我提到「靜下來」這三個字，David 馬上驚呼：「確實，我的問題就是靜不下來，只要醒著，無論在任何地方做任何事情，我一定要有聲音陪伴，像是聽音樂或是打開電視，因為我害怕安靜，更害怕在靜中面對自己，尤其是自己的良心。」

「這是你的良心在控告你，其實每個人都是如此，唯有藉著信靠耶穌基督，認罪悔改之後，才能重新找回內心的平安！」會談的最後，我向 David 明確指出重拾平安的箇中之道。

離開前，David 承諾會根據我教導的一些操練法則，先學

習如何讓自己靜下來，等下次我飛到這個城市時，他會再來跟我分享操練的心得。

● ● ● ● ● ● ● ● ● ● ● ● ● ●

靜下來，竟然也是一件令人感到害怕的事，我想多數人可能都無法理解這一點。但若是我再問，你最近一次的安靜獨處是什麼時候的事，恐怕就有許多人答不上來。

美國一家媒體曾經做過調查，要受訪者說出十件最害怕的事，結果顯示，排名第一的是死亡，其次是飛行，第三名就是安靜。但想想看，為什麼人們會如此害怕安靜？又，為什麼要逃避安靜呢？

對此，我的觀察是，多數的人們是因為內在無信心，自覺不值，才會避免往內看，把焦點都定睛於外在環境，甚至藉由模仿他人來取得自我認同；但也有一部分人的情況是如同 David 一樣，害怕安靜下來就得面對內在的控訴，因而總是逃避面對自己。

▶現代人的困境之一：難以傾聽內心

姑且不論是個人的沒自信，還是想逃避內在良心的控訴，平心而論，現代人想找個機會安靜還真是不太容易。

一來是，人們對於物質世界的沉淪和著迷，讓心思意念在不知不覺中被貪婪和情慾綁架；二來是，因著科技的發達，只

要行動電話在手，要不就講電話、上社交軟體，再不就是拿來追劇或聽音樂，如何靜得下心？偏偏，內心的聲音通常是渺小微弱，不安靜下來便永遠聽不見。

若有人問，真的有所謂的內心聲音嗎？答案當然是肯定的。每個人都有內心聲音，尤其是當我們還是嬰兒時，內心的聲音非常清晰，我們也會照著內心的聲音去行，所以當時的我們經常處在心歡喜、靈快樂的狀態。

直到成長的過程中，因為接收到環境中的其他聲音——父母的、親友的、媒體的、陌生人的——這些帶有經驗的聲音開始迷惑我們，內心聲音自此被攪亂。因著一次次的自我質疑，我們逐漸忽略內心聲音，導致其愈來愈微弱，微弱到我們再也聽不見，然後就此度過平凡的一生。

這樣的生命景況，其實是與真理教導相違背的。內心的聲音之所以重要，是因為那是我們最真實的指引，而且往往不帶任何私意，它唯一的意圖就是協助我們，把最好的一面展現出來，活出生命的精彩。

內心的聲音，也可稱之為「良心」、「天良」。大家不妨回想一下，有哪一次我們遵照內心的聲音去做以後，結果卻令我們痛苦不堪？或者有哪一次因為跟著內心聲音的指引，反而顯示出自己不優的一面？即使有，那也是神藉內心聲音的指示，來鍛鍊我們的心智和品格，最終還是於我們有益。

長年忽略內心聲音的結果，反而會使我們感到迷失和痛楚。我們都知道身體若是受了傷，生理機能自有其一定的修復能力，卻很少想到過，當我們的心靈或頭腦受傷（如罹患老年

癡呆症、憂鬱症），其實上蒼也給了我們一個療癒頭腦和心靈的方法。

此一方法就是靜下來——在靜中修復。是故，我們務必要盡一切的努力，找回聆聽內心聲音的能力。在教導大家如何做之前，先說明操練靜力的三要件，即是：獨處（solitude）、靜止（stillness）、靜默（silence）。

▶「靜力」的操練：如何支取靜力

我是一個 Morning Person（早起的人），習慣在早上五點左右的時候，穿著寬鬆的衣服坐在一張椅子上，閉上眼睛、操練靜力，只將注意力放在神身上。事實上，神本來就在我們的內心，只是被層層包裹，因此需要刻意塑造一個環境，才有機會把這些層層包裹的東西打開，讓神默默地對你的內心說話。

以下是詳細的操練步驟，供大家參考。

STEP1：穿著寬鬆衣服，坐在舒適椅上，處在完全黑暗的房間。

STEP2：閉上眼睛，靜默 45 分鐘到 1 小時，過程中靜止不動、安靜不思想，也不要默想經文或禱告，也不聽詩歌。

STEP3：專心呼求神，直到內心完全平靜，在靜中讓神介入心念之中，不要自己思考，完全由神主導。

STEP4：依據神的啟示，採取必要行動。

鼓勵大家盡量選在每天的第一個小時，把最珍貴的時間分別為聖，奉獻給神，相信神也必不輕看。靜默過程中讓神自己

來對你的心輕聲說話，必須要靜默到內心完全的平靜。

操練靜力最難的地方，不僅在於身體要完全不動，還要做到自己不主動的思考，光是這一點就要練習很久。以我來說，早期操練差不多要花三十分鐘，才能完全平靜下來。因此鼓勵大家，一開始練習就算做不到完全平靜，也不要輕易放棄而開始主導思考，不然就失去「靜中得力」的意義了。

特別說明一下，所謂的靜力，既不是異夢也不是打坐，更不是瑜珈，用意也不在於求特殊的靈恩，而是在全然安靜中，讓神為我們做開心手術：

1. **聖靈責備**：「**我們若認自己的罪……洗淨我們一切的不義。**」（約壹 1:9）

當你進入完全的靜默當中時，內心浮現第一件讓你感到不平靜的事情，就是聖靈在告訴你做錯了什麼。比方說，昨天有什麼不好的想法或得罪了什麼人，這些事情馬上就會跳出來要你認罪悔改，而且不能只悔而不改。有時候靜默結束，一回到日常狀態，人難免會拖延該做的悔改行動，或是延遲應該道的歉，這時候聖靈就會一直催逼，直到你去做了，心裡才會回歸平靜。

2. **解決難題**：「**你或向左，或向右，你必聽見後邊有聲音說，這是正路，要行在其間。**」（賽 30:21-1）

透過靜默中的聖靈啟示，還能得著待人處世的智慧。當我們選擇與神合作，聖靈就會教導我們三件事情最重要，就是要誠實、不自私、謙卑，而且聖靈指導的這些方式，一定能幫助我們品格變好；聖靈的同在也有助於我們培養膽識，讓我們更

敢去做難的事、不願意做的事，或是令自己害怕恐懼的事，並
且做該做的事，將結果交給神。

3. 理清思路：「你求告我，我就應允你，並將你所不知
道，又大又難的事，指示你。」（耶 33:3）

與神對話的過程中，還能從神支取能力、信息，以面對每
一個今天。我們也能向神求得方向：(1) 工作判斷、(2) 人生迷
茫、(3) 解經教導：聖靈的啟發與亮光、(4) 往往要去做與世界
理性相反的事：去做對的事、重要的事。

4. 凡事謝恩：「清心的人有福了！因為他們必得見
神。」（太 5:8）

藉由生活中發生的人事物，我們得以印證凡事都有神的介
入。如此不僅可實際看到神介入的結果，也可以更加明白神的
旨意為何，依此繼續與神同工同行。

5. 聖靈禁止：「聖靈既然禁止他們在亞西亞講道，他們就
經過弗呂家，加拉太一帶地方，到了每西亞的邊界，他們想要
往庇推尼去，耶穌的靈卻不許。」（徒 16:6-7）

與神同工的過程當中，也要等候神的時間表到來，切記要
內心謙卑、做事低調、不自我誇張、不走在神前；有時要先試
著去做一些事情，然後注意神的回應，藉著周遭人事物所傳達
的信息，來印證神的心意，保持靈裡覺醒；順服確實可以治好
我們過剩的自我及驕傲，因為那是我們成長的最大障礙。

經過這樣子的操練，每天在吃早餐之前，當天工作的 75%
已經做完了，因為方向、疑惑、作法都得解決之道（靜力），
接下來只需要去執行就好了（動力）。

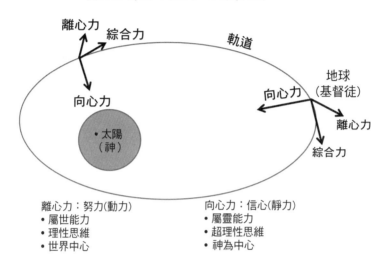

圖3-4 靜力＋動力＝人生軌跡

▶「靜力」加「動力」，等於人生的軌跡

　　不要靠動的時候，讓外在那些看得見的東西來引導你做決定；而是要靠靜的時候，讓內心那些看不見的東西來指引你人生或事業的下一步該怎麼走。而且正可謂「謀靜而後動」，若是能把在靜中支取到的智慧，化為實際的行動策略，結果就會像圖 3-4 呈現的那般，活出一個動靜皆宜、以神為中心的人生。

　　很多人都誤以為，只有在「動」的狀態中，人生或事業才會得到應有的推進。殊不知，動力像是一部只會前進的汽車，若是沒有適時的靜力予以減速、剎車、轉彎，它能安全地帶我

們到達目的地嗎？更何況，少了在靜中所得的啟示，汽車又要如何找到真正該前往的目的地？

如同地球這一顆會動的行星，若是少了與太陽之間的靜態引力，便無法走出一條規律而安全的軌道。同樣地，我們的生命若是少了神作為內在依歸，一樣也會因為失去生命軌道而愈走愈偏。那種走偏了的感覺，很令人無助也很令人恐懼，終日惶惶不安。

我之所以會操練靜力是因為在創業的過程中，屢屢遇到挫折。那時候我的內心沒有平安，是因為常常會碰到原本計畫好的事情，客戶卻臨時變卦，或者是已經做好東西給客戶，對方卻沒依約支付費用，永遠都是在現金流和不確定中間在擺盪，以至於我非常渴望內心有平安，也因此才開始操練靜力。

當我藉由靜默讓生命回轉到神的面前時，即使外在面對的還是相同的經營困境，內在卻已經不再那麼不安。主要原因是，**聖靈的啟發讓我明白到，一切早已在神的手中，我只要穩穩的行在軌道上，跟隨祂的帶領即可。**

這就是我要的人生！「活著有平安」一直是我最大的渴望。每當我領受到平安時，便會更加熱切地喜愛生活；反之，沒有這份平安，我會覺得人生根本是在做苦工，何苦來哉？

因為我曾實際品嚐過這份平安，發現那是人生所能經歷的最強愉悅——它提高了所有感官的靈敏度，也增強了所有生活中的快樂強度——我才會一而再、再而三的在本書中，強調內心平安的重要，以及教導所有可能達到這個境界的方法。靜力，便是其一。

▶靜中得力的關鍵在於與神連結

操練靜力的好處，除了可以獲得內心的平安，還能取得「理性的靜中求專」和「超理性的靜中蛻變」之效。

1. **靜中求專**（mindfulness）的意思是說，在靜默中訓練心念專注於當下，而不漂流到過去及未來，此舉具有除去腦中疑慮、混亂、健忘的功能。靜中求專操練靜力的作用者是自己。

哈佛大學曾在 2010 年發表一項研究顯示，一般人每天花 47% 的時間在想著無關緊要的事，經過正念（mindfulness）訓練的人因為專注力增強，使得他們在做任何事情上面，都表現得比一般人更好。

另一項最新研究則進一步指出，訓練正念就等於是在訓練大腦在高壓力下的復原力。其提出的證據是，曾經受過正念訓練的陸戰隊及運動員，比起沒有受過訓練的隊員，在碰到壓力事件時，情緒波動不只較小，心跳和呼吸也更快地回復到正常水準。

2. **靜中蛻變**（transformation）則是指，在靜的潛移默化當中昇華人性、淨化品格，以邁向真、善、美的神性境界。靜中蛻變操練靜力的主導者是神。

如先前所言，長期操練靜力可以改變人腦的結構及功能，愈擅長靜力操練者，其頭腦愈能從壓力中儘快復原到平常水準，也因為有聖靈的啟發，在靜默的過程中，我們腦海中的恐懼、焦慮、抑鬱情緒，也會逐一轉變為善良、仁慈、愛心的行動。

這樣的改變不僅止於在靜默的時刻，還能夠延伸到動的時段，永久改變我們情緒的基本水平，也永久提升了我們的復原力。況且，真正的內心平安，不是指在靜下來的這段時間平安，還包含在動的時候，即使別人來攪擾你，也能很快回到內在中心，那才是真平安。

有回演講結束，一位職場成功人士搶著要送我去機場，趁著往機場的這段路上，他主動談起了自身的景況。

■與神連結，靈命增長

一上車他就說：「孔老師真謝謝你這幾天的講座，都說到我心裡去了，大家看到的我在工作及信仰上都一帆風順、家庭也美滿。工作上我的公司正在朝三個非高科技領域快速發展，但我對自己的未來是不清楚的，有時甚至惶恐，說白了，幾方面我都陷入瓶頸，在工作上每天忙東忙西，但至終找不到我工作的意義是什麼？教會裡做的事很多，但自己知道靈命難以增長，究竟我存在世上的目的及價值如何衡量？聽了你的分享感觸很多，但一時又理不出頭緒，你瞭解我在說什麼嗎？」

我問：「你有試著與神在一起時，讓祂帶領你度過這難關？」

他告訴我：「我每天讀經、禱告時都求與神同在的。」

■與神連結，神來主導

我進一步向他釐清：「在這類靈修活動中，是你的意識或頭腦在做主導，是你在定會議的議程及內容，你是供應者神是

接受者，所以你是主角神是配角。你是否試過將角色互換，讓神來定議程及內容，讓神是供應者你是接受者，神是主角你是配角。」

「這角色的互換，真有如此重大的不同嗎？我又如何來做這調整？」

「你要學會全然靜默，在靜寂的環境中，你內心的神方會給你亮光，世界上的人都以為成事在動中而不知靜（得方向、想清楚）……。你每天能有段精神最好的時間嗎？」

「時間是有，必須要精神最好的時間？睡前行嗎？如何來做呢？」

■**與神連結，獻上至好**

「神說過尊敬我的我必尊敬，若你肯將自己最寶貴的一段時間獻出來與神在一起，讓祂主導地單方面對你說話，祂必定不會讓你失望的。在我創業經歷五年五連敗後，在重大壓力下內心極度不平安，為得平安而開始做靜力的操練……。只有在全然平安中，神方開始輕柔地對你說話，許多上過此課的人在沒有完全靜默前，就急著自主去找神說話，以至學不成。記住！要在完全平安中讓神來找你。」我一步一步教他操練靜力的步驟。

■**與神連結，對象是神**

「那這跟打坐、瑜珈有何不同？這又跟靈恩有何不同？」他問。

「這點很重要，靜力操練的對象是神，結果也來自神，而打坐、瑜珈操練的對象是自己，結果也來自自己。至於靈恩操練的專注，是刻意地去追求一些外在看得見、摸得著的能力，像是說方言、醫病、趕鬼、看異象等。我相信神確實因實際需要賜給少數人這方面的能力，但不是人人都能有的，我沒有任何靈恩的能力也不刻意追求這些。若我們相信**神在每位基督徒的內心**，而靜力的操練是製造出一個靜的環境，讓神顯現出來，這應該是個比較容易瞭解的觀念。」

■與神連結，全人更新

「當人完全平安後，神的顯現有何步驟？又對人有何益處？」

我回答說：「在靜中完全平安後，底下幾件事會立刻湧出破壞你的平安：(1) 未悔改的罪、(2) 未解決的難題、(3) 不清楚的方向、(4) 未謝過的恩、(5) 未清楚的旨意。至於對人的益處，則是全面性的：身、心、靈都得更新，因為絕對沒有任何事情，比花時間與神在一起更重要的了，只有那些時光才能讓我們一直擁有柔軟的心，它能引導我們、調和我們，在我們生活及生命培養出成長的因子。」

▶與神獨處是靈命增長最重要的一環

在美國一份屬靈的刊物上，列舉出訪問成熟基督徒關於靈命增長問題的結果，在此我將調查發現列舉成圖表。身為成熟

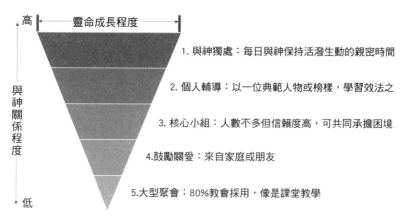

圖3-5　靈命成熟的基督徒──屬靈成長的激發要素

高

靈命成長程度

與神關係程度

低

1. 與神獨處：每日與神保持活潑生動的親密時間

2. 個人輔導：以一位典範人物或榜樣，學習效法之

3. 核心小組：人數不多但信賴度高，可共同承擔困境

4.鼓勵關愛：來自家庭或朋友

5.大型聚會：80%教會採用，像是課堂教學

基督徒的我們，靈命想要得到真正的增長，不能只單靠讀經禱告，而是要像圖3-5，懂得平均分配這五種活動的時間，拉近與神之間的關係。

1. **與神獨處**：在靜默當中聆聽神的話語，就是與神獨處那個層次的內涵。當我們藉由這個過程交出自我，並將自己的日子、心思和行動全然獻給神，就會發現神靈必會以智慧和能力牽引我們。

2. **個人輔導**：類似我在做的一對一輔導，但又不僅限於這樣的形式。悟性強一點的基督徒，其實可以透過勤於查考聖經的方式，以歷代的信心偉人為典範，從他們的苦難經歷得安慰，也向他們學習如何突破困境。

3. **核心小組**：類似教會現行的小組聚會，其推行重點不在於成員的多寡，而是彼此之間的信任度和契合度，以便成為彼

此的支持系統。

4. **鼓勵關愛**：來自家庭或朋友的關愛。

5. **大型聚會**，聚會時教友們的互相支持，對於個人靈命的增長亦是不可或缺。

整體來說，目前教會花時間最多的地方是在 (4) 跟第 (5)，這對未信或初信的人可能是有效的靈命增長方法，但對於靈命相對成熟的基督徒，教會還是必須要有特別而專注的管道，用門徒訓練的方式來幫助這些基督徒增長靈命。

另外值得一提的是，很多人以為教會靈命最高的人是愈清楚神的旨意的，但實際上，愈是處於屬靈領導高位，愈是容易陷入靈命危機。一個人無論屬靈的程度多高，仍不免會有被盲點矇蔽的時候，唯有透過與神獨處時的順服，方能破除自我和驕傲的陷阱──**靜的力量，是最好的靈性解毒劑！**

 **孔老師的心靈討論室**

Q1：

活在高壓、不確定，以及充滿驚恐的日子中，你渴望內心的平安嗎？或者是你品嚐過平安嗎？

Q2：

當世界變得愈來愈快而且吵雜，是誰的作為？身處其中的你，靜得下來嗎？如何在靜中得力？

Q3：

你的人生有一個軌道可依循嗎？那是什麼樣的軌道？你如何依據此軌道而行？若是身為基督徒，信主以後，你有讓神成為生命軌道的中心嗎？

| 知足常樂：想要與需要 |

釐清想要與需要，體驗知足常樂

想要是享受，需要是幸福。

※

　　Jason，一個任職於高科技業的總經理，年約四十出頭。這天之所以前來尋求協助，是因為他覺得自己已經快得憂鬱症。我請他詳細談談自己目前面臨到的心理困境。

　　「是這樣的，雖然常有人誇讚說，我可以從公司的約聘員工開始，一路慢慢爬到總經理的位置，真的很不容易，但不知道怎麼搞的，心裡還是覺得很空虛，彷彿有個無底洞，怎麼補也補不滿。」

　　Jason 接著說：「我曾經嘗試過很多方式，但最快、也是最常做的事情就是去百貨公司買東西，舉凡那些特別貴的精品配件，我幾乎都有，但買回家之後也不見得會拿起來用，我知道那樣很浪費錢，也太過於物質導向，卻不知道該如何是好。」

　　「我有個好奇，」我問 Jason：「當你在百貨公司刷卡購買那些精品時，內心的感受是什麼？」

　　「衝動消費的當下，我會有一種自我價值被提升的感覺，但過沒多久，又會回復到常態，如此周而復始……」

　　在瞭解 Jason 的狀況之後，我決定為他說一個故事。內容是這樣的，有一群畢業二十多年的同班同學，相約回學校探望老教授，席間，老教授邀請大家各自分享一下現況，結果大家爭相交代的都是當前成就，整個過程頗有較勁的意味。

　　老教授見這些已屆中年的學生們，生命的焦點依然只專注在事業成就，心裡有些擔心，便刻意把話題轉到一些關於家庭和人生的議題上，沒想到原本熱絡的交談氣氛，瞬間變得鴉雀無聲。直到過了好一會兒，才終於有人打破沉默，央求老教授再給他們上一課，課名就叫做「人生」。

　　老教授思考片刻之後，告訴大家：「其實早在我將咖啡端出來時，我就注意到你們花了很多時間在挑選咖啡杯的款式，卻忽略了其實真正要品嚐的是杯子裡的咖啡，這就如同你們現階段的人生，因為忙於追逐光鮮亮麗的外在成就，而忽略了要好好品嚐生命過程中的簡單幸福。」

　　老教授的意思是說，對比咖啡是大家的「需要」，咖啡杯的款式其實是屬於「想要」層次，若是一味追逐「想要」，到頭來只會落入無止盡的欲望深淵，永遠沒有盡頭，更不會有真正感到知足的一天。

　　為了讓學生們更加明白想要和需要的差別，老教授再舉例說：「譬如你需要去探望遠方的父母，坐飛機過去是一個滿足此需要的方法，為了滿足這需要，你坐經濟艙的費用是 1X、公務艙是 5X、頭等艙是 10X、私人飛機是 100X，除了經濟艙的費用是需要之外，其他都屬於想要的範圍，你們之所以回答不出我問的深層家庭和人生問題，是因為深陷於以想要為主的

人生中，難以自拔。」

「若你是那些學生當中的一位，聽老教授這麼說以後，會如何調整人生的腳步呢？」我立馬探探 Jason 的領悟力。

「這個嘛……，我恐怕得再想想。」Jason 搔了搔頭，但隨即又語帶振奮地說：「不過聽了孔老師分享的這個故事，我的心情好多了，等我回去好好思考，也許會再想通更多道理，並且慢慢學習用需要來取代想要。」

目送 Jason 離開會談室，我衷心期盼下次見面時，能夠聽到他生命蛻變的好消息！

• • • • • • • • • • • • • •

我始終覺得，很多人都誤會「金錢」了，尤其是在信仰的價值體系裡，常常會把金錢視為萬惡之源，實際上真的是如此嗎？

基本上，我認為金錢在道德上是中性的，甚至如同手槍或嗎啡，都是端看人們如何使用它，用在對的地方可以成就大事（救人），用到錯的地方則會引發災害（殺人）。換句話說，金錢一點都不複雜，它只是一個單純的商品、一個交易的媒介，抑或是一個工具以達到交換的目的。

至於本文對於「金錢」的定義，指的不僅是個人的所有財產和擁有物、動產、不動產以及現金，還同時包括能取得金錢的所有地位及權勢。無論是富人或窮人，每個人都需要金錢，因為除了每天基本的食衣住行開銷，也需要透過運用金錢在教

育、醫療、保險、旅遊、娛樂及慈惠等面向，來提升生活的品質。

再加上，人生在世的渴望不外乎是：家庭幸福、事業有成、身體健康，要達成這些目標，也需要一定的金錢基礎。也因此才會有句俗話說：「金錢雖非萬能，但沒錢卻是萬萬不能。」

▶世人的財富觀——金錢是萬能的

當今世界上，絕大部分的媒體讓人們相信有錢就能令人快樂，它們追捧有錢人的生活，更鼓勵人人去追求財富，因為金錢能使你有：

1. 自由感——有了足夠錢後，就可以想做什麼就做什麼
2. 快樂感——可以盡情享受，想有什麼就可以有什麼
3. 優越感——用名牌及擁有物作為自己身分、階級代表
4. 安全感——可以不愁吃穿，不用工作，無憂無慮

實際上，我們該反思的幾個問題是，我的成功難道只能從財產、名望、權力、地位來決定？名片上的職稱、身上穿戴的名牌、住的房子、開的車子，是否等於我這個人的全部？……答案，當然都是否定的。

相較於「需要」所帶出來的知足常樂，「想要」只會讓人愈發感到空虛，甚至陷入無止盡的財富追求。

過去幾年當中，中國有五十多位富豪喪生，平均年齡五十一歲；調查指出這些喪生的富豪裡面，有一半是選擇自我了結

生命。想想看,究竟是什麼原因讓已經追求到成功和財富的他們,寧可選擇死亡也不願繼續在人世間享樂?我想原因很可能就是被內在的空虛感受所逼迫。

雖然我在一開始提過「沒錢萬萬不能」,但現在反過頭來,也要跟大家說說「金錢並非萬能」的這部分。意即,雖然金錢確實可以買到很多東西,但也只能滿足人類暫時的物質需要,無法滿足更上一層的精神及靈命需求。

曾經有人說過,金錢能買到精緻的床鋪,卻不能買到甜蜜的睡眠;金錢能買到各類的書籍,卻不能買到豐富的學問;金錢能買到食物,卻不能買到胃口;金錢能買到補品,卻不能買到健康;金錢能買到樓房,卻不能買到家庭;金錢能買到新娘,但不能買到愛情;金錢能買到教堂,但不能買到天堂。

如何正確的使用金錢?除了聖經教導的花錢原則之外,一個最簡單也最常見的依循原則是:釐清想要與需要。圖 3-6 是參考美國心理學家馬斯洛的人類需求五層次理論(Maslow's Hierarchy of Needs)畫出來的一張圖。一般來說,人類只要在靈、魂、體這三個層次得到滿足,便是滿足「需要」,圖中只有最底下的兩個層次是必須具備一定經濟基礎方能得到滿足,此外的物質享樂都只是欲望上的一種「想要」。

我們很容易因為「需要」被滿足而感到幸福,卻很難因為「想要」被滿足而感到踏實。相反地,當我們愈是努力滿足「想要」,心裡就會愈若有所失,因為欲望是個無底洞,投注再多的物質進去都不會有飽足的一天,食量還可能因此被愈餵愈大,不可不慎。

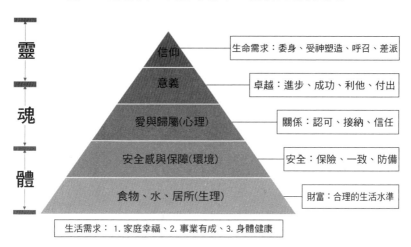

圖3-6 財富與人性基本需求：釐清想要與需要

（圖中文字）

靈－魂－體

信仰　　　生命需求：委身、受神塑造、呼召、差派

意義　　　卓越：進步、成功、利他、付出

愛與歸屬(心理)　　　關係：認可、接納、信任

安全感與保障(環境)　　　安全：保險、一致、防備

食物、水、居所(生理)　　　財富：合理的生活水準

生活需求：1. 家庭幸福、2. 事業有成、3. 身體健康

▶基督徒的財富觀——信仰與財富合一

　　人生在世，除了活出豐盛的生命之外，神還賜給我們許多的擁有物來豐富生活，那些擁有物像是家庭、子女、才幹、工作、財物、權勢……等。其中，最讓神感到不放心的就是錢，因為金錢似乎對人有特別的吸引力，太多的實際案例指出，人一旦發了財之後，本性就會受影響，因而會做出原本不願意做的事。

　　譬如說，一個人在還沒有辦法得到很多錢的時候，會認為把時間花在陪伴家人比較重要，等到哪天突然中樂透變有錢了，就可能轉而把時間投注在各種的享樂上。不只是我們自己的本性可能會因此改變，別人對我們的態度也可能會出現一百

八十度的轉變。

　　之前就曾經從新聞媒體上聽聞過，有個人原本既沒錢也沒什麼朋友，中了樂透彩之後，所有親戚朋友都紛紛找上門來尋求幫助，甚至連久未聯繫的朋友也開始稱兄道弟，讓那人受寵若驚。想想看，這些人態度的改變不就是因為金錢的關係嗎？

　　有錢之後所建立的友誼，大多不復單純，因為別人對你的看法已經把利益放在當中。無怪乎，股神巴菲特的兒子曾經形容自己是「最有錢人的窮兒子」，他曾經跟父親巴菲特借錢，卻得不到任何金錢奧援，當時巴菲特給他的理由即是：不希望兩個人的父子關係因為金錢而變複雜。

　　一個人有錢以後，跟人的關係會變複雜、也開始偏利益導向，而非純粹以愛為導向。神知道人在處理錢財上的盲點，所以聖經當中跟金錢有關的經文就高達了 2350 節，相較於禱告主題的經文有 500 節，就可以很明顯地看出，神有多看重這方面的提醒。

　　既然神對基督徒的金錢觀如此重視，那麼教會應不應該教導基督徒如何理財呢？我個人認為是非常應該，但大部分教會還是傾向把「金錢」歸在世俗範疇。

　　就像工作一樣，教會應該教導基督徒正確的財富觀，將信仰與錢財整合在一起而非對立，並且教導基督徒一個基於聖經原則的系統理財觀，以防止基督徒陷入財務管理的危機之中。

　　聖經〈馬太福音〉25 章 14-30 節的一個比喻。內容大致是在說，有個主人依照三個僕人的才幹，分別給了五千兩、二千兩、一千兩的銀子，讓他們各自去發揮。一陣時日過後，主人

從外地回來發現，持有五千兩和二千兩銀子的僕人，因為積極發揮才幹加上本身夠努力，都賺回了與資本相同的金額，唯獨那持有一千兩銀子的僕人，因為把錢拿去埋了，最後還是只有一千兩。

猜猜看，主人的反應是什麼？

故事的結果是，主人不只對前兩位僕人感到滿意極了，還決定要更加重用他們。至於那位只知道把錢拿去埋的僕人，主人在喝斥他的同時，也把原本給他的一千兩銀子收回來。

這裡的重點不在於要去計較，神給誰的資源比較多、給誰的資源比較少，而是我們有沒有好好完成神的託付？

主人依照才幹給銀子。才幹就是神給我們的天生潛能、個性和熱情，銀子則象徵後天的養成，也就是神讓你取得的知識、資源、機會。什麼叫五千兩、二千兩、一千兩呢？代表神會在不同的經濟圈裡面，安排所屬的基督徒在該經濟圈傳福音、做見證。

五千兩和二千兩的人各自去賺了錢，意思是說他們在世界上有所作為，有發揮潛能、利用資源，而善用的結果就是得到財富。不僅如此，他們還完成自己在國度大使命中的任務，也找到命定去委身，並且把財富用在命定和委身的事工上面，因此成為神眼中「忠心良善的好管家」。至於什麼是埋藏銀子？就是不按照神的旨意去發揮，只跟隨自我的意思去行事。

遺憾的是，放眼當前的一些教會體系，不是鼓吹富裕神學，就是強調貧窮神學，使得基督徒的財富觀也常被導向兩個極端。表 3-7 便充分說明了富裕神學、貧窮神學，以及基督徒

表3-7 富裕神學、貧窮神學與管家神學

	富裕(成功)神學	貧窮(苦難)神學	管家(救恩)神學
財富是	權利	邪惡的	神託付的責任
工作目的是	賺取神應許的財富	勞苦終日才得糊口	事奉神、榮耀神 (財、權是副產品)
敬虔人是	富有的	貧窮的	忠心的
不敬虔人是	貧窮的	富有的	不忠心的
我施予是	因為會得更多祝福	因為我必須	因為我愛神
我花錢時	出手大方無所顧忌	有罪惡感	懷著禱告與負責的心

最需具備的管家神學，這三者的內涵差異。

管家神學的基督徒相信神擁有並管理一切。人手中的物質是神特別的恩賜而不是權力，因此身為管家的人雖然可以使用，卻必須放棄所有權。也正因為瞭解到，財物來自忠心經營才幹的結果，所以每個人都要努力將手中資源發揚光大，最後再用才幹所得的財富，來作為神國的祝福。

▶聖經原則導向的基督徒理財觀

學習一套有系統的聖經原則理財觀，有多重要？我試著以一個輔導案例的故事來跟大家說明。

在和一位企業家的輔導當中，他提到了自己最近跟太太在

經濟方面出現很大的分歧。我進一步詢問之後得知，企業家手中有幾個新創事業正在發展中，需要資金挹注，太太雖然不反對他創業，卻對他使用金錢的方式很沒有安全感。

後來，我就建議那位企業家，請他承諾太太會把六個月或九個月的家用所需，存進一個固定帳戶，藉由一個有系統的理財觀來提供太太安全感。企業家這麼做以後，太太果真又恢復對他的支持，也更參與他的新事業當中。

一個以聖經為基礎的財富觀，其內涵又是什麼呢？我試著依據聖經教導，歸納出六種次序：(1) 賺錢原則、(2) 奉獻原則、(3) 花錢原則、(4) 存錢原則、(5) 投資原則、(6) 借債原則。內涵如下：

■賺錢原則：勤勞、誠實

1. 聖經告訴我們，錢要勤勞、誠實的賺，將結果交給神；「不勞而得之財，必然消耗；勤勞積蓄的，必見加增。」（箴13:11）。

2. 前述原則跟當下價值觀是背道而馳的。在今天講究速成的文化中，「快錢」是受追捧的，但聖經教導的做事心態是：勤勞誠實的會贏；「誠實人必多得福，想要急速發財的，不免受罰。」（箴 28:20）。

3. 神要每個人負責自己或家庭的生計，所以要盡一切可能去努力。

■奉獻原則：甘心、樂意

1. 新約的奉獻原則只有一條：甘心樂意地作神忠心的管家。但舊約的十一奉獻仍是一個好的指引，若有人目前無法用金錢做奉獻，亦可奉獻時間給神，即使金錢上行有餘力，奉獻之前也要先思考如何將自己奉獻給神。

2. 我們所有的一切都歸神所有，所以十一奉獻並非是上限，基督徒要用感恩的心來做。奉獻是做為一個基督徒的權力也是義務，但要心甘情願的去做方得神的喜悅，奉獻範疇包括社會公益及慈善義行。

3. 要分別為聖，把上好的奉獻給神，不要剩下的才留給神。

4. 奉獻對象的選擇，可經過禱告後有感動的去做，其可能是教會、需要幫助的人、宣教士、宣教機構、文字機構、公益慈善等等。

5. 其他奉獻原則：要在暗中做，以免自高自大；有系統的奉獻是好的操練；奉獻是為神，只求神的喜悅及祝福，不因人做奉獻，不要尋求人或機構的喜悅及祝福；神對你忠心奉獻的祝福，往往在靈命上大過物質層面；要相信神是什麼（為感恩），而不是神會做什麼（為交換）。

■花錢原則：務實、保守

1. 在各自所處的經濟圈，不要過一個超過自己能力範圍的生活水平，最好是選擇比自己財力更低的生活水平。

2. 不要追求奢侈的生活習慣而要務實，不買名牌來炫耀虛

榮心。

　　3.不要及時更新任何消費型的大宗產品，像是汽車、電視、電腦、手機、照相機等等，這類產品折舊率過高。

　　4.不借任何短期的債務，信用卡每月一定要還清。

　　5.任何為了顯示有錢有勢的花錢方式，都不是好的榜樣。

　　6.許多財務出狀況的家庭，不是錢賺的不夠，而在於花錢不當。

　　當你遵守這些原則以後，還有多餘的錢，就要想到存錢原則，把錢存起來。存錢的原則就是安全保障和考量未來。

■存錢原則：安保、未來

　　1.做一個負責任的基督徒，當你的收入在除去日常所需及奉獻後仍有結餘，就要學會將錢存下來。存錢的理由很多，但不外乎以下幾點：

　　──備不時之需

　　──教育基金

　　──為了財務上的安保、獨立

　　──為將來投資要做的事

　　──為了養老

　　──奉獻及慈善

　　2.任何時候都要存兩個月的生活所需到機動帳戶。

　　3.存積六個月生活所需到有利息的存款帳戶，任何主要的購買從存款帳戶支出後，要及時補足。

　　4.慢而堅持的存，每個月固定存收入的 10%，而且愈早愈

好。

當你做了甘心樂意的奉獻，也用務實保守的方式花錢、存錢，還有錢就要想到去做投資，而且要想到自己是忠心的管家，是替神做投資，所以可以投資但不能投機。

■投資原則：忠心管家

1. 保值：如銀行存款，目的是為了利息收入。

2. 理財：投資在像是貨幣市場型基金這類的理財產品，目的是為了固定收入。

3. 投資：投資在股票、債券或是房地產等，目的是為了成長收入。

4. 切勿投機：要投資在自己懂的或熟悉的標的，不要為了賺快錢而投機到不懂或不熟悉的領域。

5. 資產組合：要按照自己投資的知識、經驗、年齡、風險承擔程度及資產總額，時時做保守及合理的資產組合分配。

■借債原則：切忌妄測未來

1. 聖經上的借債原則很簡單，就是不要輕易借債，因為借債就是用未來賺錢的能力來做抵押，而未來是掌握在神手中。

2. 借錢容易還錢難是眾所周知的真理，借債是存錢的反面，因為：要麼賺利息、要麼就是付利息。

3. 基督徒在特殊情況下必須借債時（如買住房），要盡可能在最短時間內還清。

4. 借債人是債主的奴隸，我們沒有預見未來的能力，未來

的主權在神，所以基督徒對未來還債的能力要謹慎。

　　5.借錢原則：好朋友救急不救窮、不期待還錢、不收利息，保持尊重。

　　為什麼基督徒需要具備正確的財富觀和理財觀？最後說一個小故事，相信大家就會理解。

　　有一個在跨國企業擔任高階經理人的基督徒，向來非常遵守花錢原則，像是買房子並沒有刻意挑最昂貴的物件，而是跟一般經理人住在同一個地區裡面。雖然此舉一度引起公司同事的議論，猜測他是不是在財務上有一些困難，但後來發現他是因為秉持著聖經原則在花費，反而心生敬佩，還因此去教會。

　　由此可見，當一個基督徒在財務管理方面有見證，並成為眾人的榜樣，最後一樣可以帶出傳福音的果效！

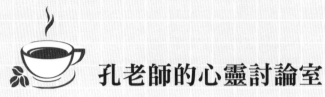

孔老師的心靈討論室

Q1：

你有一個明確清晰的財富觀嗎？你認為金錢是世俗的還是神聖的？如何判斷？

Q2：

你的錢財與神有關嗎？在你想到金錢時，神會出現嗎？

Q3：

你是否認為，基督徒在靈命得到造就後，生活上的一切問題（包括財富）均可迎刃而解？教會應該教導金錢嗎？如何教導？

4

| 苦難結晶：順境與逆境 |

你的苦難結晶，是他人的生命寶石

人生價值在於：有安適的環境？

或是剛強的生命力？

✻

帶著一雙紅腫的眼睛走進會談室，Susan 大概是少數在一對一輔導時，問的不是工作，而是對於生命無常和苦難的不解。

「孔老師，我不懂，為什麼人世間會有這麼多痛苦呢？」才剛失去親人的 Susan，傷感地闡述一連串疑惑，問說：「為什麼世界上會有恐怖份子隨機殺人？為什麼自然界的動物必須靠著獵殺另一個動物來生存？若是真有一位慈愛的神在掌管宇宙秩序，為什麼祂會允許這些苦難發生呢？」

由 Susan 的談話看來，日前的喪親之痛顯然不只勾起她內心的許多疑問，還開始動搖了她對神的信心，才會連帶質疑起，為什麼慈愛的神，竟然會容許大自然人與人、動物與動物的廝殺。

為了堅固 Susan 的信仰，我告訴她：「我非常瞭解妳的心情，確實我們每個人都承受著疾病、意外事故，直至最終死亡

的苦難威脅。但我也要鼓勵妳，切勿因此就對神失去信心，因為即使世上存在著苦難，亦不能否定神的存有，更何況神之所以容許苦難的發生，自有其賦予苦難的意義。」

「這就如同現在的妳，」我試著協助 Susan 把這些事情做連結，讓她明白心裡會有這些困惑是正常的：「然而真正的信心就在於，即使還不明白苦難背後的意義，仍然相信神有祂的旨意。」

● ● ● ● ● ● ● ● ● ● ● ● ● ●

自古以來，苦難的存在就不斷地摧殘著人類的身、心、靈，因而許多著名哲學家和宗教家畢其一生之精力，不外乎就是想解開世上這些最古老又最困難的問題：苦難究竟是因何而來？如何才能迴避苦難？以及如何對應苦難？

特別是二次大戰結束之後，人們享受到史無前例的和平及經濟發展，物質普遍不虞匱乏，絕大部分的西方國家更是達富足境界。當基本的生存需求滿足了，人們便開始意識到，原來物質富裕並不能填補心靈的空虛，人們眼中的苦難定義，也逐漸從物質的缺乏轉移到精神貧乏。

再加上，人們漫無目的地追求物質享受，也在無形之中將自己推到情感破產，以及靈命迷失的深淵，精神上的受苦程度因而倍增。

▶苦難與死亡從何而來，為什麼？

　　人生的試題卷上面，有是非題、有選擇題、也有敘述題，但我想大家應該都同意，苦難肯定是其中最難論述的一道題。

　　原因是，當苦難真正臨到生命時，我們的第一個反應通常都是趕快想辦法脫離痛苦，發現脫離不了，便會轉而探問受苦的意義為何？過程宛如盲人般，急於在一片黑暗當中探索出路。如何能好好靜下心來論述苦難的本質呢？

　　這也是何以苦難的存在，一直是無神論者用來質疑神的有效利器。很多無神論者的推論邏輯如下：

如果神存在，那麼祂一定無所不能、無所不知並且至善

↓

如果神無所不能，那麼祂一定有能力消滅所有的惡

↓

如果神無所不知，那麼祂一定知曉惡的存在

↓

如果神是至善的，那麼祂一定有意願消滅所有的惡

↓

如果惡存在並且神也存在，那麼要麼神不具備消滅所有惡的能力，要麼祂不知道惡的存在，要麼祂沒有意願消滅所有的惡

↓

所以最後的結論是：神不存在！

　　但實際上真是如此嗎？還是說，有沒有一個可能性是，其實神有允許苦難和死亡存在的正當理由——施行對人類犯罪的公正審判。雖然無神論者試圖用邏輯推演來否定神的存在，但實情是神並非不能、不知、不善，而是對於惡有一個計畫。

　　神對惡有什麼「將計就計」之計畫，請容我稍後再解釋。在此，想先跟大家澄清的一個部分是，神在創造世界之初，其實是沒有惡的存在的。

　　如同聖經〈創世紀〉所記載，起初，神創造的是一個完美的世界，祂看所造的一切都甚好。動物世界也沒有惡，人和動物都以植物為食，不吃其他動物，因此在那個只有善的世界裡並無暴力和痛苦，亦沒有實際的惡。

　　其次要說明的一點是，所謂的「惡」，並不僅限於做了什麼傷天害理的惡事，一個人若是缺乏某種應有的良善，也是被神視為惡。比方說，欺騙人是惡，因為神造的人本來都是說實話的。

　　總之，惡是善的對立面，惡就是不善，而且惡無法獨立存在。既然惡不是一個獨立存在的事物，所以神沒有創造惡，那麼惡又是如何來到世界上的呢？

▶惡，來自於人類的逆向選擇能力

　　神創造出來的人類及天使，從某些方面來衡量，其實比神還能幹，因為神賦予天使及人類自由選擇的能力。自由意志又分成逆向選擇和順向選擇，前者是指不信神即是做惡，後者則

是指信靠神之後，人類決定棄惡向善。

自由選擇本身是善還是惡？其實是善的，因為神不要我們成為機器人，而且神也是想藉此分辨信祂和不信祂的人。神希望以後在新天新地和祂在一起的人都是選擇信祂的人，而惡的存在，則有助神進行信者與不信者的篩選，這是神允許惡存在原因之其一。

死亡和苦難是神對罪的懲罰。神創造亞當時，只給了他一條禁令就是：「伊甸園中各樣樹上的果子，你可以隨意吃；只是分別善惡樹上的果子，你不可以吃，因為你吃的日子必定死！」在這之後，亞當及妻子夏娃在知道這禁令下，被蛇引誘矇騙吃了禁果。當亞當及夏娃悖逆了神的時候，他實際上也在表達一個意願，就是要一個無神的人生。

既然神是賜生命的，死亡便理所當然地成為選擇無神之人生的刑罰。再者，神要履行諾言，必須用死來懲罰亞當的罪。新約中，神也曾經藉著保羅說：「罪的工價乃是死。」聖經自始至終都將死亡與罪聯繫在一起。因著亞當的罪，亞當和他的後裔從此便有了罪性。

罪的擴散，造成苦難、疾病、死亡的普世性。由於人類統治著所有的受造物，在亞當犯罪之後，所有被他統治的受造物也一同被審判，所以亞當和夏娃的墮落波及了全宇宙。神審判這個世界的一個結果是，讓我們嚐到了與神隔絕而活的滋味，意即置身在一個不斷朽壞、遍佈死亡和痛苦的世界。

亞當和夏娃的罪，使他們喪失了被造時所擁有的真正自由，而且人類的確有逆向選擇的自主意志，這樣的意志可以導

致更多、更大的惡行，甚至於開始擴散、遍滿全地。

在神以死亡懲罰罪的同時，祂也回收了一部分托住萬有的大能，因為罪，所有事物都在敗壞。但聖經也不時讓我們窺見一個完全被神托住的世界，也就是一個有神在行神蹟的世界。譬如在〈但以理書〉中，神保守了在火窯之中那三個人的身體及衣服。

說到這裡，或許會有人好奇，「惡是否會永遠存在呢？神對此的計畫又是如何？」實際上，神是會復原這一切的。大家不妨翻開聖經來尋找解答，很多人都不知道，其實聖經的內容是有對稱性，而且富含預言。

對比聖經最前頭的〈創世紀〉前三章，提到神如何創造完美世界，以及人類如何墮落的事情，聖經最後頭〈啟示錄〉的最後三章，則是提到神如何將被救贖的人們帶回新天新地，與神永遠在一起；在這兩者之外的中間章節，則是描述神的永世救贖計畫，以及如何救贖人類的過程。

神會復原一切，打造新天新地。聖經〈以賽亞書〉預言，有一天神將會「造新天新地」，在那裡「豺狼必與羊羔同食；獅子必吃草與牛一樣；以及不傷人的蛇，這一切都不傷人，不害物。」在永世裡，被救贖的人類將不再擁有犯罪的可能性，從這個意義上來說，新天新地將會比伊甸園更加美好。

▶安適的環境？還是剛強的生命力？

有次上完課之後，一位學員急著來問我，為什麼他總是

不知道自己該做什麼？潛能在哪裡？最後還態度堅定地強調說，自己是基督徒，只要神願意清楚顯明祂的旨意，必然會照著去做。

我反問那位學員，請他講講最近一次碰到的大難題是什麼？以及當時的處理方式為何？隨後他告訴我，幾年前曾經遇到上司批評他的工作績效和態度不符標準，希望他能為自己訂立新目標，上司也表示願意給予必要協助。

「本來我也想依照內心的聲音去奮戰，但準備行動時，腦海中浮現質疑的聲音說：人生苦短，值得如此拚命嗎？」他接著說：「於是，我離開那家公司，去找了一份更安逸的工作至今，但目前碰到上司對我表現更不滿意的情況。」

聽完那位學員的敘述，我提醒他：「實際上，你提出來的那些問題，沒有一個是可以自己『想』出來，也沒有任何人可以『告訴』你，因為它們的答案全都在你苦難中，藉著堅信神而不退縮去『做』出來的。」

我想傳達給那位學員的意思是，若是他真的想發掘自我潛能，並且明白神所預備的命定，那就必須學習勇於衝破逆境。奮戰的過程中，可以激發一個人的內在潛能，而且神的旨意通常也都是透過在困境與神互動中所建立起的關係裡給予我們啟示，慢慢顯明出來的。

很可惜！那位學員錯過上次的重要拐點（即關鍵時刻）。我之所以舉他為例，就是想藉此提醒大家，千萬不要忽略隱藏苦難或逆境背後的正面意義。神造的宇宙中有一個真理就是，世上最珍貴的東西，往往是在長期惡劣的環境中醞釀出來的。

是故，古今中外的智者皆認為，苦難其實是神給人類最好禮物的一個拙劣包裝。

面對苦難，人們可以有兩種心態：(1) 求一個安適的環境、(2) 培養剛強的生命力。

■營造安適的環境

1. **消極**：在一個無神、無永生的思維之下，在面對人生中總是有苦難伴隨而到頭是死亡的無奈結論下，世人對有福的觀念是過一個風平浪靜、天色常藍的安逸生活，他們企望萬事順利，靠著一個安適的環境來保護自己、享受人生。

2. **溫室**：一個長期在好的環境中安逸的人，一定沒有剛強的生命力。過於順利很容易把一個人培養成為懶惰、不長進、無戰鬥意志、無毅力、缺乏勇氣，更沒法承受打擊，終至成為溫室中的花朵。

3. **腐敗**：安適常使人過一種腐敗和近乎墮落的生活。中國有句古話說：「飽暖思淫欲」，這怎可稱為有福呢？

4. **壞習慣**：有太多報導指出，發了財的人未必有福，因為有了錢以後一定只顧享受、沉迷於酒色宴樂之中，養成許多壞習慣，過一種墮落生活。待金錢用盡，那時一定比未發財前更痛苦，可見平安順境真的並不一定是福。

我想起了一個寓言故事，很適合用來呼應上述概念。有一個農夫向神祈求說，希望神幫助他戰勝大自然，以便順利出產更多更好的農作物。神垂聽了農夫的禱告。自此以後，當農夫要求下一陣小雨，天就降雨；當農夫要求陽光普照，太陽就冒

出頭。

　　農夫原以為，只要順利掌握好天氣因素，隔年絕對能夠大豐收。哪知道，當真正的收穫時刻來臨，農夫才驚覺大事不妙，因為農作物幾乎死光。農夫氣得質問神，說：「我都已經透過祢製造出這麼完美的天氣條件了，為什麼還是得不到好收成？」

　　這時，神才告訴農夫：「你要求的都是自己想要的天氣，並不是農作物需要，像是你從來沒有要求過暴風雨，但那卻是清洗種子、嚇跑對農作物有害的鳥類，以及讓農作物免於蟲害的天氣形態……」

　　聽完神的說明，農夫才終於明白，自然界果真有其運作之道，並非單靠人類的聰明就可以掌控。這個寓言故事也再度呼應了我先前所言：每個人在他的生命中，都需要一場真正的暴風雨，方能成長茁壯。

■培養剛強的生命力

　　我曾經問過前來接受輔導的人，他們是如何處理最近一次的大苦難？結果發現，80% 的人表示因為太難了就找捷徑逃走；15% 的人以忍受的方式來度過；只有 5% 的人樂於迎接苦難，因為知道克服苦難後就會被提升至另一個境界。

　　有人驚訝，那 5% 的人是哪根筋不對嗎？竟然會歡迎苦難的發生？！身為歷經苦難洗禮的過來人，我會告訴你，正因為他們曾經從苦難中體驗到好處，才會願意一次次挑戰逆境。

　　1. **平安**：絕大多數人以為外在的好環境，像是風平浪靜、

衣食無缺、無憂無慮,就是得到平安的方法,實際上這些方法都不長久,唯有建立起以神為中心的剛強生命力,方可擁有真正的平安。

就如保羅說過:「……因為知道患難生忍耐;忍耐生老練;老練生盼望;盼望不至於羞恥……將神的愛澆灌在我們心裡。」

2. **永在**:如果我們將一種能勝過各樣患難的生命,去和一種沒有患難的環境來比較,當然是以前者較為可貴,因為環境的平安乃是外在的、是暫時的,但生命的剛強乃是我們自己內心的、永在的。

3. **成全**:在與苦難的抗爭中,我們的潛能被激發,也更能看神旨意的彰顯。如聖經偉人約伯曾宣言:「祂試煉我之後,我必如精金。」

4. **信靠**:基督徒對有福的觀念可能是滿途荊棘,也可能是超過常人所遭遇的艱難。但在艱難打擊遭受苦難中,使我們的生命鍛鍊得更剛強、更靈活,更有把握依靠主,去應付各樣的患難。

5. **經歷神**:惡劣的環境讓我們得以實際經歷神的信實可靠及拯救大能,並使我們對神的認識更深,也因此得到安慰。

6. **服事**:聖經告訴我們基督所受的苦難,使祂能夠幫助別人。同理,若我們曾經在苦難當中,從賜一切安慰的神那裡得著安慰,便能以此來撫慰那些正在受苦的人。

古有明訓:「生於憂患,死於安樂。」又說,「多難興邦」,放眼中國歷代帝國的興衰史,皆明確指出了受苦背後的意義。

興起——每個強盛帝國,若往回看其興起時的光景,沒有

人會相信在如此艱難的環境下，它竟然能夠生存下來。但在一個明確的信念下，好幾代的先祖靠著剛強的生命力，一關一關破除阻礙，終於建立起自己做夢也想不到的堅強帝國。

腐化——當國（或大企業）達到鼎盛時，後代的子孫在安逸、無憂的環境下，開始過起腐敗和近乎墮落的生活，出於自滿驕傲的心態，也開始對先祖堅持的信念產生懷疑，在迷失中走上違背原有信仰的道路。

敗亡——帝國的衰敗往往不是因為外來的因素，也不是取決於一個大事件，而是內部一點一滴的腐敗，才終於導致大廈的傾倒。國家興衰和堅強的生命力有關，而這樣的精神對大自然界的動物來說，亦是有正向助益。

有篇文章指出，有一些愛動物協會的人，看到野地上的鹿常常被狼追，就把鹿集中豢養，每天提供牠們最好的水草。原以為這些鹿在人類保護下會繁殖得更好，結果卻適得其反，他們發現鹿死亡的數字比以前還多，一經調查才知道問題就是出在環境太安適，因為這些鹿不需要奔跑逃難，每天只吃、沒有運動，最後反而死於糖尿病或心臟病。

這個小故事也是在啟示我們說，培養剛強的生命力，其實遠比窩在一個安適環境來得好。為人父母者，你是仍然極力保護孩子，將其養在溫室中，還是適時放手讓孩子在逆境中成長，因而培養出剛強的生命力？

▶神公平嗎？神沉默了嗎？神隱藏了嗎？

　　我常在一對一的輔導當中被問到一些跟信仰有關的問題，像是：

　　• 為什麼許多宣教士及他們的幼小孩子被殘忍地殺害？

　　• 我妹妹是宣教士，得癌症三年被折磨而死，她的一位非基督徒朋友也得了相同的癌症，一治療就痊癒了，為什麼？

　　• 我想傳福音給鄰居，但似乎所有好事都發生在他家裡，他們過得好極了，反觀我們家卻災禍連連，我如何將好消息傳給他？

　　• 為什麼神重用的先知大部分都沒好下場？耶穌絕大部分的門徒都不得好死？

　　• 為什麼我明明是忠心地為神工作，卻常遇到不順利的事，我朋友在為世俗工作，卻是一帆風順？

　　• 神公平嗎？為什麼很多好事是非基督徒有、我沒有，很多壞事卻是非基督徒沒有、而我卻有？

　　• 神沉默了嗎？為什麼我如此誠意的求神旨意，結果選擇都是錯的？

　　• 神隱藏了嗎？每當我需要神幫助時，神卻隱藏了？

　　實際上，大部分的苦難是出自於**因果**，也就是人自己犯錯的結果，因為人種什麼就收什麼，這是我們親身的體驗以及世上的道理；然而不可否認，也有一部分的災難是來自於被**波及**，也就是因其他人犯錯而被連帶波及受苦的，這些苦難包括了罪的「全景圖」。

　　還有一種苦難來源是屬於**非常態**。聖經上有很多義人遭災的例子，是世人難以理解的，有時義人所受的災難又徹底、又

深且是神許可的，因為神要在他們身上彰顯祂的大能，所以我們在生活中的苦難並非都與個人的罪有關，但義人遭難的事，卻容易令許多基督徒信心動搖。

一般來說，基督徒一想到苦難就會想到聖經人物約伯，不明白被神視為義人的約伯為何受難，但其實他的遭難就是一個非常態。神也稱約伯是一個義人，但為什麼神還是要他經歷那些苦難，其實是神對撒旦控告約伯的一個將計就計，神至終的目的是為了約伯的好處，原因是約伯雖然在**顯而易見**的事情中，是個義人，但在**隱而未現**的地方（自我中心），卻是個罪人。

易言之，神希望藉由苦難的發生，讓他從得救到得勝，從敬畏神到親近神，乃至於堅信神。意思就是說，以前約伯認識的神是在頭腦裡，沒有在生命裡面，以前雖然獻祭、但還是有距離，與神是敬畏的關係不是親近的關係。在實際經歷神之後的約伯，不僅生命得勝也變得更愛神，因此他才會有感而發地說：「我從前風聞有你，現在親眼看見你。」

既然有一部分的苦難是出於被波及或非常態，那麼在看待這些苦難的時候，就必須拉高視野，站在神的計畫全景圖，方能明白箇中意義。

1. **神的主權**：在神推動的永世計畫中，必有神主導方向的全景圖，在其中有人得利就可能有人遭損，所以才會出現那種明明是為神做工，卻因為受神的大趨勢影響而受害。譬如神主權讓世界上有經濟大蕭條事件，以及從大蕭條中經濟復興的時候，過程中就可能會有基督徒蒙受損失，而有非基督徒在其

中得利，所以我們必須拉高視野，站在神計畫的全景圖來看事情，方能明白箇中意義。

　　我自己也碰過類似的例子。有一年，我要到波士頓去進行為期五天的職場宣教，一到機場才得知航班取消，原因是達拉斯的氣候不佳，飛機過不去。起初我也很抱怨，心情非常沮喪，因為那邊的同工已為此預備且付出許多，場地也租好了，若是臨時取消行程，對大家來說都是一大損失。

　　當下，我緊急發了一個訊息給波士頓的主辦方，他們還為此發起一個禱告網，只是無論大家如何用力祈求，最後我還是飛不過去。眼見事已成定局，我便轉為謙卑向神禱告，說：「神啊！我相信祢讓達拉斯那邊下雪，一定有祢的旨意，祢的大計畫比我的小計畫重要，我願意順服祢。」如此禱告完之後，原本焦躁的心也變得坦然許多。

　　2. 頂級信心：總而言之，無論受苦的當下是否明白神的心意，都還是要保持著堅定的信心。〈希伯來書〉第 11 章當中提及，聖經中的這些信心偉人，沒有一個在死前看到或得到神的賞賜，但他們仍信神！頂級的信心是不求在世上看得見的賞賜，而相信神在永世中看不見的應許。

　　3. 神會平反：今世只是永恆線上的一個起點，實際上，死亡正是通向這美好地方，即天堂的道路。在永恆的世界裡，神要糾正所有的冤屈，平反世上一切的不平，對於一個因神而受苦的基督徒，復活的盼望是理解苦難的關鍵！世上發生的一切事，不能只從今世及人的角度來衡量。

　　4. 不合理、不公平，仍順服：或許，你也曾經在信仰道路

上面臨過很大的失望，甚或在苦難中，對神的沉默產生憤怒與懷疑，卻又不敢向人提起，只能默默在心裡起伏不定。但在這裡我還是要鼓勵你，試著以聖經歷代偉人為典範，效法他們在苦難中即使不明白受苦理由，仍歡喜地把生命交在神手裡的無比信心。

　　或者也可試著學習那些歷代宣教士、殉道的使徒、全人奉獻的傳道人、忠心良善的基督徒，雖然他們面臨的試煉無從解釋、困難無從解決，在信仰道路上卻不至於跌倒，像他們這等有信心的人，便是有福的！

　　5. **苦難結晶**：如同鑽石、金子、銀子都是得經過長期高溫高壓的環境，雜質方能被逼出、提煉出最高的純度，信心的淬鍊亦是如此，而且一樣純度愈高，愈得到神的看重。

　　聖經裡面有句話說：「鼎為煉銀，爐為煉金；惟有耶和華熬煉人心」。（箴 17:3）我們心中的雜質，就是我們的「自我」。

　　苦難帶來的正面意義之一，便是為了淬鍊生命的品質乃至於使其結晶，讓我們成為神眼中珍貴的器皿。同樣地，死亡也不是世人以為的終結，因為信神的人在永世裡，都是能夠復活過來的。

　　其實苦難並不可怕，只要能夠結晶，死亡不是終點，貴在於能夠復活。結晶與復活都直接關乎經歷神，這就是神的美意！

孔老師的心靈討論室

Q1:

你對於苦難的想法是什麼？是否曾經因為生命重大苦難的發生，而質疑過神的存在？

Q2:

在讀完本文之後，你傾向處於安適的環境，還是練就剛強的生命力？

Q3:

試舉一個過往生命曾經遭逢的苦難，分辨其是屬於因果、波及、非常態當中的哪個類型？以及那對你個人帶來的正面影響是什麼？

- Part -

4

....

靈命需求

屬靈篇

1

| 存在歸屬：價錢與價值 |

從意義中發現自我價值

你的價錢由市場決定，你的價值是專家鑑定。

✳

那是一個在美國矽谷的例行巡迴課程。年約六十的 John，是美國一家知名企業的華裔高階主管，把握一對一的諮詢機會向我提到了，近年來心中一直有股強烈的空虛感，盤旋不去。

他說：「我在職場打拚將近三十五年，地位、財產、家庭，該有的都有了，身體也還算健康，目前的人生是一無所缺，但不知道為什麼內心仍然感到不滿足，總是還想再去做一件更有價值的事。」

我試著引導 John 繼續往下思考：「你所謂更有價值的事，指的是什麼呢？」

「我目前想到的是去中國辦教育事業，但這是一個天大的決定，不只要辭去工作，還要跟在美國生活的家人分開，光是想到要付出這些代價，我就不敢再繼續想下去。」

然而拒絕去想，只是暫且消除面臨改變的不安，無法真正平息內心的騷動。這一點 John 顯然已經感受到了，因為他自

己也形容：「不去中國辦教育事業的話，心中就好像永遠缺了一塊似的，弄得我整個人心神不寧。」

「不知道你有沒有想過，這樣的感覺其實是從神而來的，藉此提醒你要轉向祂，」看到 John 的臉上露出疑惑，我試著把話說得清楚一點：「世界上的每個人都一樣，常會在心裡自問自己做得夠不夠好？而且自我評斷的方式，也往往是以擁有的物質條件多寡為基準，這就是人稱『行情』或『價錢』。」

我接著說明：「但如果我們是從永恆而不朽的角度，去衡量自己獨一的存在價值，那麼用來自我評斷的基準，便是所謂的『價值』。」

「這聽起來有些玄，『價值』可有個比較白話的名稱？」John 問。

我想了一下，說：「你也可稱之為『人生意義』。」

・・・・・・・・・・・・・・

何謂人生的意義？這個問題拿去問一百個人，大概會得到一百零一個答案。但即使大家的結論各有不同，引導我們邁向追尋起點的內在探問，實際上卻大同小異。

回想一下，在你過往的人生當中，是否有過和故事中那位華裔高管類似的感受，感嘆：「為什麼生活總在原地打轉？該如何激發自己的內在熱情？如何成長？什麼是自己該做的？自身真正的潛能又是什麼？」

或者是：「該有的似乎都有了，為什麼還是覺得心裡空空

的？到底我還缺什麼？我的人生走過了這一遭，值嗎？」

更有人可能正處於絕望，不斷自問：「為什麼我認為不夠好的別人，表現得卻比我行，這是否意味著該換工作跑道了？為什麼我對未來充滿不確定性，總被一股莫名的焦慮纏繞？我是不是已經喪失了自我價值，無論再怎麼努力都難挽頹勢？」人在得不到想要的失望中迷茫，又在得到想要的東西後陷入空虛。

無論在你心中曾經浮現的問句是什麼，當我們循著那樣的疑問往下思索時，便會發現到，人們靠自己的方式所走的路或者尋求的答案，似乎總是會通向無望的盡頭，終究還是遍尋不著真正的生命解答。

▶人，為什麼想要尋求意義？

人跟動物有個很大的不同點在於，動物不問未來，而人類卻需要不斷地透過各種方式確認未來。

動物不會去問未來，即使是最高等的動物也不會去拜偶像，反觀人類為什麼要拜偶像，正是因為人類是跟時間互動的。當人類沒有辦法確認未來而帶來內心的不平安時，我們的靈性就會想去相信並求助於一些比人更厲害的東西，但那些東西看不見，所以就會用木頭或其他方式去造偶像來祭拜。

其次，大多數人類終其一生都在忙碌辛勞，也是因為需要透過工作確保未來。利用在物質世界創造存在價值的方式來贏得別人肯定，以便藉此肯定自己。換句話說，人們無論是努力

工作還是到處求神問卜，目的都是為了確保當下和將來的身體健康、家庭幸福、事業有成。

這樣的追求，古今中外無一例外。

幾千年來，在每一個時代、每一個種族，以及每一個文化中的男女，都想要知道存在的原因和價值，釐清人活在世上到底是為什麼？現代人對於意義的渴求，更是有過之而無不及。原因是，當今社會普遍追求物質生活的滿足，反而造成人們心靈匱乏，因此對於意義的追求便更為迫切。

在歷史的長河中，許多哲學家、神學家、科學家，以及社會學家，加上各行業的男女專家，他們藉著探討和辯論各種話題，來尋求人生的目的及意義。雖然他們探討的主題繁而多，結論也五花八門，但總的來說，可歸納為五個主題，每個主題背後都是在問一個問題。

■人生的五大基本探問

這五個問題分別是：

1. **我從哪裡來？**（Where did I come from?）：有關根源（origin）的問題。

2. **我是誰？**（Who am I?）：有關身分（identity）的問題。

3. **我到世上來做什麼？**（What am I here for?）：有關目的（purpose）的問題。

4. **我做得好嗎？**（How do I do it?）：有關意義（meaning）的問題。

5. **我往哪裡去？**（Where am I going?）：有關歸宿（destiny）

的問題。

　　不論你我是否覺察到，我們活著的一生，其實都在找尋我們為何存在的答案。每天生活運作的目的亦是為了回應這五個問題，因此在自問自答這幾個問題的同時，便決定了我們人生的現況及未來的方向。

　　面對第一個問題「我從哪裡來？」以及第五個問題「我往哪裡去？」絕大多數的宗教都用「神」，作為人類根源和歸宿的終極解答。而且這兩個問題也通常都是在人們碰到特殊情況，如親人過世時，才會開始去思考「親人到哪裡去了？為什麼再也見不到他了？」

　　其餘時候，我們每天的生活幾乎都是繞著第二、三、四個問題打轉，其中又以第四個問題最攸關人生意義的探討。人生意義是人們在內心追求永恆和永生的過程中，自然會不斷想確認的一個問題，像是古代的秦始皇，當他什麼東西都有的時候，便開始希望長生不老。

　　是故，永生是人類潛意識裡的追求。神在每個人出生的時候就給了一個靈性，也就是早在創世的時候，靈性就已經創造出來了，並藉由你的父母將你生在這個地球上。換言之，我們每個人在出生以前就已經在神的永恆計畫裡了。

▶人生意義的四大層次

　　人生意義的層次，依據每個人生命階段和角色定位的不同，各有其相對應的內涵。這部分可以進一步參考表 4-1：

表4-1

層　次	內　涵	體　現	
層次4：服膺（surrender）	目的 + 身分	命定	⎫ 拐點
層次3：意義（significance）	智慧 + 公益	人生	⎫ 拐點
層次2：成功（success）	成就 + 富足	工作	⎫ 拐點
層次1：奮鬥（struggle）	努力 + 晉升	學習	

　　實際上，人們並非一直處於范然狀態。當一個人在人生任何階段，發現自己有一個明確的人生目的，依此知道自己在做什麼，同時也具備一個正當身分，讓你知道自己是誰，並且是勝任眼前這些任務或角色的最佳人選，那麼便會感到人生活得很有意義。

　　舉例來說，對於一個正處在「奮鬥層次」的學生來說，透過用功讀書取得好成績，進而得到老師的稱讚，就是這位學生眼中的人生意義；對一個處在「成功層次」的工作者來說，人生的意義則大多聚焦在工作成就，像是因為專業卓越而被晉升為管理者。

　　到了「意義層次」的成功人士，對於人生價值的追求，已經不再滿足於所謂的成就，而是希望藉著做公益來感受到存在的意義；「服膺層次」就更不容易了，個人必須在神的國度中找到自己的命定，並且願意發自內心服膺，用行動去回應神國的呼召，如此一來，方能感受到存在的滿足。就像案例中提到的 John 所面臨的狀況，就是神在呼喚他，藉著信靠神從意義

邁向服膺的過程。

　　任何人只要能在某特定層次中，活出其所對應的人生意義，心中就會生出源源不絕的熱情，藉此抵擋在實現意義過程中所碰到的困難，也無須再理會其他人的懷疑和建議。只可惜，好景不常，生活中的一些外在變化，往往會將我們的人生推向另外一種艱難景況，導致原本的生命陷入失衡。

▶內心失衡，意味著拐點的到來

　　這個失衡指的是內心失去平衡，意味著我們又陷入迷茫中，需要尋找新的意義支點。而這個往上一個層次意義晉級的過程，就是我在《贏在扭轉力》當中稱的拐點，亦是俗稱的轉捩點。

　　拐點，亦是個人重新定義自我價值的定義時刻。比方說，一個處在奮鬥層次的工程師，當他知道自己是設計這套程式的最好人選，並因此獲得上司或業界肯定，他就會覺得人生很有意義。在什麼時候他會變得迷茫呢？通常是到了他想做一個設計部經理，沒有如願晉升時，這時候他就會變得迷惘。

　　換句話說，當這位傑出工程師開始渴望從「奮鬥層次」晉升到「成功層次」，卻得不到滿足的時候，原先所認定的那些人生意義，便開始變得不再那麼有意義，甚至逐漸感到空虛，因為他的自我價值感不再被滿足了。

　　人之所以會感到迷惘和空虛，正是因為想利用物質來填滿靈命需求，卻不得要領。如同先前所提，人生意義大致可分

為四個層次，每個人都是從奮鬥開始，原因是希望逐步邁向成功，但晉升到「成功層次」才又發現，即使成功很多次，內心還是不滿足，因為希望追求的東西是值得的，所以又會想進入到「意義層次」。

然而令很多人意想不到的是，即便是提升到了「意義層次」，人，仍舊無法真心感到滿足。追根究柢，問題還是出在前三個層次，其尋求認可的對象都是來自於人，一直要到第四個「服膺層次」，才會將認可對象從「人」轉至「神」，唯有從神的眼中，我們才得以窺見自己真正的價值。

▶價格由人們決定，價值由專家鑑定

在談論價格和價值的差異之前，我們先來看一則小故事。有位自信嚴重受挫的中年男子，沮喪地跑去找智者尋求幫助。他告訴智者：「我現在什麼事都做不了，因為大家都說我做得不對，是個沒有用處的人，我想知道自己應該怎麼做，才會讓別人覺得我有價值？」

智者笑了笑，沒有馬上回答中年男子的問題，只說：「如果你願意先幫忙我做一件事情，我就答應告訴你該怎麼做，」接著便取下左手的尾戒交給對方，並且交代：「你先去市集變賣這枚戒指，價格絕對不能低於一枚金幣。」

中年男子端詳了一下戒指，雖然不明白智者葫蘆裡賣的是什麼藥，還是乖乖照做。但是當他向那些想收購戒指的市集商人們提出，至少要一枚金幣的價格時，大家都露出不以為然的

表情，紛紛掉頭走人。

　　帶著一身的挫敗返回智者居所，中年男子據實以告，心想智者應該會就此放棄，沒想到，智者卻反而要他再去找一位珠寶商詢價，並交代無論如何都不能把戒指賣給珠寶商。

　　鑑價結果讓中年男子大吃一驚，因為珠寶商在經過一番仔細確認後，竟表明願意用六十枚金幣來收購戒指。他興奮地將這個消息告訴智者，這時候，智者才語重心長地對他說：「**其實你就跟這枚戒指一樣珍貴而獨特，與其任由一般人來決定你的價格，不如找對專家來鑑定出你真正的價值。**」

　　很明顯地，故事當中有能力鑑定戒指價值的專家是指珠寶商；而在我們實際的生命旅程中，可以為我們鑑別真實真分和獨特價值的專家，其實就是神。每個人之所以來到這世上都是為了跟神的永世計畫接軌，這意味著世界上一定有一件事情，只有我們能夠做得最好也最有資格去做，那件事情便是個人的「**命定**」。

▶千古奇人，世界之最──所羅門王

　　每次只要談到人生意義的主題，我就會想到聖經的傳道書，作者所羅門王亦是個值得探究的聖經人物。他是距今三千年前，以色列國王大衛的兒子，不只集萬千寵愛於一身，擁有的榮華富貴更堪稱是「世界之最」。

　　但即使豐盛如所羅門王，行至晚年階段，仍試圖用盡世上所有方法來尋找人生意義。遍尋不著之下，幡然醒悟寫下自己

一生的懺悔錄——傳道書，並成為世界所有探討人生的著作當中最經典的一部。

傳道書共有十二個章節。所羅門王對其一生的評價和總結是：萬事皆虛空、智慧是虛空、享樂是虛空、智愚是虛空、勞碌是虛空、富有是虛空……。正如同書中所言：「傳道者說，虛空的虛空，虛空的虛空，凡事都是虛空。人一切的勞碌，就是他在日光之下的勞碌，有什麼益處呢？」

起初的所羅門王跟絕大多數的人們一樣，以為世上所有物質的總和，便足以說明一切的意義，直到他重新回到神的面前，方才真正領悟到原來萬事萬物自有定時。因而強調：「凡事都有定期，天下萬務都有定時」的生命運行之道。

更重要一個領會生命意義的關鍵，在於：神造萬物，各按其時成為美好；又將永生安置在世人心裡，然而神從始至終的作為，人不能參透。因此，世人當敬畏神，謹守祂的誡命。因為人所做的事（連一切隱藏的事）無論善惡，終將面對神的審判。

▶虛空是因為侷限在 1/4 的視界

人終極的渴望是永生不朽，因為這是神造人時就內建的設定，而人也只有藉著堅信神，方能與祂的永世不朽計畫做接軌。這個概念聽起來有點抽象，搭配圖 4-2 來說明就會比較容易理解。

圖中代表神所造的國度。其分為四個象限，橫軸是時間，

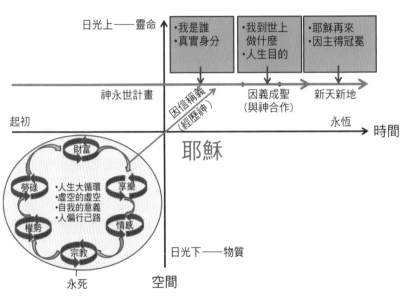

圖4-2 人的一生，大過於自己，遠過於今世

縱軸是空間，兩軸的交集點就是我們活著的當下，而縱軸會
因應時間的轉移而向永恆前進；橫軸以下是日光之下的物質世
界，橫軸以上則是日光之上的靈命國度。

　　所羅門王最初之所以感嘆：「萬事都是虛空。」是因為將
自己的人生局限在：(1) 日光下、(2) 今生中、(3) 靠自己的格
局。但這只是神給持續信靠祂的基督徒人生中 1/4 的視界，如
此短視的人生，自然會感到虛空而無意義。絕大多數的我們其
實跟所羅門王一樣，追求的都是左下角這個象限，以為那就是
生命的全貌，實際上卻不然。

　　至於要如何跳脫視野限制？建議現今的我們可以藉著持

續信靠神（不靠己），在靈裡跳脫時間（今生）與空間（日光下）的限制，與在日光上邁向永恆的神永世計畫接軌，並在其中找到自己的命定，再從「人生目的」、「真實身分」中得到「永恆的意義」。如此一來，人的一生便可大過於自己、遠過於今世。

 孔老師的心靈討論室

Q1：

在你過往的生命當中曾經感到虛空嗎？是否因而進入到一個什麼樣的拐點？當時的你又是如何因應？

Q2：

人們都企求活出有意義的生命以及卓越的生活，你認為如何才能同時得到？如何（從神那邊）發現永恆的意義？

Q3：

對於所羅門王的故事，你的見解是什麼？透過本文的分析和分享，你對所羅門王的故事又有何新的體會？

2

| 使命歸屬：影像與真光 |

依循真光，找出受造的目的

行走在看得見、會變的路？

還是選擇看不見、不會變的路？

※

再次獲悉 Vincent 的近況，已經是一段時日之後的事了。

在那封自中國大陸捎來的電子郵件中，曾經接受過我一對一輔導的 Vincent，振奮地告訴我說，上次的輔導是人生當中很重要的一個轉捩點，讓他從一個焦慮徬徨、一心追求世界認可的人，變成只單單注目自己在神眼中的價值，並且依循神的心意而行，面對人們的評價也不再那麼患得患失。

Vincent 還在長約八百字的信裡寫到：「得到您的提點以後，從神的角度看我的工作，忽然發現原來我從事的事業是何等有意義，也忽然發現我在新能源與智慧能源產業中，因應人們的需要，其實還有很多新產品可以開發，為社會進步帶來實質的貢獻，藉此也充分體現了我的人生意義。」

實際上，類似的感謝信我不是第一次收到，但只要一有輔導個案寫信告訴我，他們終於找到目前的人生目的，或者原先碰到的困難終於出現轉機，我都會由衷地感到欣慰。

　　猶記得在教人生課程時，年約四十的 Vincent 精神狀況就很差，顯然已經好久都不曾睡好覺，當時我就在想，這人的內心肯定正在承受著什麼煎熬。後來，把握一對一的時間，他主動來到我的面前，花了十幾分鐘訴說自己當前的困境。

　　簡單來說，就是 Vincent 創了一個新能源事業，但努力營運了好幾年就是沒有什麼具體成果。反觀另一個以前表現比他差的同事，創業不久又沒做出什麼具體的業績，在投資者的估值中，公司的價值卻是他公司的十倍，讓他心裡很不是滋味，也開始懷疑自己的價值和能力。言畢，他沮喪地問我：「為什麼我想要為神做成這個事業，卻絲毫扭轉不了情勢？」

　　「好，」正式回答問題以前，我先詢問 Vincent 的信仰背景：「你是一位基督徒？」他點點頭，表示自己是一位很虔誠的基督徒。

　　接下來，我指了指桌上的杯子，說：「你看，身為一個杯子，它是無法從自己本身找到受造的目的，一定是要等到被注入了水，讓人喝了對身體產生益處，它才能從它的設計者眼中，找到自己被創造在這世界上的原因。」

　　藉由杯子的例子，我繼續向這位創業家解釋說，身為人類的我們也是一樣，**如果沒有從神這位造物者的眼光來看，也不可能找到此生的受造目的**。過程中，我也畫了前一篇文章提到的人生意義四個階段，協助 Vincent 明白唯有先回到神的面前，才有辦法知道人生的目的和企業的定位。

　　五十分鐘的輔導時間結束，當時我不知道他悟性如何，所以對後續也沒有什麼太大期待。沒想到，在神的光照之下，那

一番話不只顛覆他原本的人生觀，還因此發現新的事業轉機，一步步窺見人生目的。

● ● ● ● ● ● ● ● ● ● ● ● ● ● ●

　　身為一位職場教練，我很高興看到 Vincent 找到現階段的人生目的。但我也想問問，此刻的你是否已經找到人生目的？抑或是正陷入茫然的景況中，惶惶不可終日？

　　世界上絕大部分的人都在隨波逐流，主要原因就是沒有人生目的和計畫。當你活在一個物質缺乏的時代或地方，人生目的可能就是只求存活下去，但現代人的物質條件普遍富足，特別是已開發國家的人們，對於生命的追求早就超越基本生存，渴望找到靈命的存在目的。

　　有些人找不到這個目的，經常滑手機、打電玩，穿梭購物來打發時間，許多基督徒也是一味跟著教會傳統的活動，茫然地跟著程序走。甚至有些人還開始用酒精和藥物來麻醉自己，過著一個沒有目的、沒有希望又無助的人生；也有些人是寧可隨波逐流，也不願積極找尋人生目標，只因不敢在人生的旅途中冒險。

▶人生本來就是冒險旅程

　　人生有可能一輩子都安安妥妥，任何事情都在自己的掌握當中嗎？當然不可能。每個人都要有夢想，假如我們不再做

夢,人生旅途就會失去方向;沒有夢想來為人生定錨,就很容易在社會洪流中載浮載沉;不再訂立目標,就難以獲得真正的生命增長。

在大自然中不存在安全係數,人生也是如此,是故,人生一定要有個卓越的目標引領我們往前奔走,只要生命境界和範圍不斷在擴張,個人的心理健康指數也會比較高,幸福感自然跟著提升。

人的幸福,是從有人生目的開始的。淺層的生命需求是追求金錢和地位,以為這就會為人生帶來幸福,實際上真正長久且深層的幸福,還是在於實現個人的存在目的。而且清楚人生目的還會帶來許多好處:

1. 生活有熱情、生命有意義
2. 能做對的選擇,簡化你的生活
3. 使人生更專注,更有成就
4. 生活方有紀律,身體才有活力
5. 預備你面對未來,確認永生

一旦認知到自己的人生目的,便清楚應該把心力專注在什麼地方,這也是何以高成就者大多是專注的人。而且為了達成目的,生活也會跟著有紀律,有了紀律才會按時間去運動,也才知道自己應該吃有營養的食物。更重要的是,當找到的人生目的是跟神有關的時候,祂還可以為我們預備面對未來的信心和盼望。

▶每樣東西的設計都有其目的

為什麼我們需要找到跟神有關的人生目的？這麼說好了，每一個被創造出來的東西，都有它（他）受造的目的和價值，受造物（者）只能從創造者或使用者手中獲知被造目的，也只有在讓使用該物品的人實際獲益後，才算是真正彰顯其存在目的。

就如同先前杯子的比喻。杯子被設計成中空是為了裝水，有個把柄是為了方便人們日常使用，不同的形狀、大小、材質的杯子品項，也都是設計者針對不同使用方式和目的所做。但只有在被使用者注入飲料、拿起杯子、喝了飲料而得到好處後，方能體現獨一無二的價值。

同理，若我們認同是神創造了人類，那麼我們的存在目的和價值，當然也只有從神那邊才能獲悉。依循這樣的脈絡來看聖經，它就不單單只是一本記載基督信仰的全球暢銷書，更是協助人類活出天命的操作手冊。

我們再來觀察，為什麼受造的每個人都是不一樣，也沒有兩個人是過著一模一樣的人生？原因就在於，**在神這一位創造者的眼中，每個人都是獨一無二的存在，預先設定好的人生目的也不相同。**

那又是為什麼絕大部分的人都沒有找到人生目的？答案是：因為神給人自由意志——我們可以選擇接受或拒絕自己被造目的，而這也同時意味著，我們是選擇接受神還是不接受神。

　　神之所以給人自由意志，是因為不希望我們活得像一部機器，神看重的是一顆願意的心。

　　神因為尊重人，會先給予人自由選擇，接受或拒絕自己受造目的的意識，然後再依據個人的選擇設定，預備其往不同的方向去。這道理就如同杯子在未成型前，或成型後在運輸的途中，或仍未被人買去（即：杯子在還沒有被人使用之前），是不會知道自己被造的目的，但創造者的心意及作為仍然驅使著這個杯子去完成它的使命。.

　　在神呼召我們的時刻來臨之前，我們都是半成品，即使是信神的人也仍不知自己在世上的使命，但神會在暗中驅使我們。所以，如果想明白神的心意，可試著回頭察看自己一路走來的生命軌跡。

▶跟隨內在的真光來做決定

　　一個人的生命軌跡，是由過去好幾個定義時刻所做的決定來組成的。如果你對於現在的人生感到不滿意，很可能就是在過去的定義時刻，沒有按照內心的指引去做，而是按照頭腦理性的分析或他人的建議去做。

　　為什麼要傾聽內心？因為內心的聲音連結到神的心意，把最合適的決定告訴我們，只要願意相信神藉由內心發出的指引（意即真光），就能夠針對看似無解的逆境做出對的決定，以及提出對的解決方案。

　　人生階段性的使命，就是藉著我們做對的決定一步一步走

出來的。一個人在衝破逆境的當下，最能夠清楚認知到自己在這個世界上的身分是什麼，而也因為愈來愈清楚人生目的和身分，可以重新定義成功的價值是什麼並且尋得「天命」，內心就能跳脫長年的焦躁不安，繼而體驗到前所未有的平安和喜樂。

世界上絕大多數的人，都是用物質世界的感官和認知來做決定，相較於這類人是憑眼見和靠感覺來行事為人，只有少數人是用看不見的真光來辨別世界，並且堅信內心的指引來做事。

當我們認知到人生的目的是要從造物者那邊得到，也了解到定義時刻之於生命軌跡的重要性，日後再遇到艱困的定義時刻時，鼓勵大家不要再依賴外在影像來做決定，而是根據內在的指引，人生的道路才會有個明確的定向，因為真光的源頭是不會變的。

真光和真理都是跟神有關。真光的源頭是真理，真理是從神而來的，神自己本身就是真理，所以人生的目的是從神而來、跟神有關。得知真理的要訣無他，就是看聖經如何啟示我們在世上的目的。

■從神的話語我們可以得到三個啟示：

1.人生目的早在我們出生以前就定下來了，也就是神在創世之初，每個人的人生目的就已經訂了，縱使我們來到世上之後可以做各樣選擇，依舊無法改變神的原初設定。

2.是關於如何找到人生目的。對此，聖經告訴我們必須藉

著跟神之間的互動，才有辦法一步步明白自身的存在目的，活出與之相稱的真實身分。

3. 人生的目的絕對不是為了自己也並非孤立，而是神偉大旨意的一部分，終極目標在於「榮神益人」。

▶ 如何認知到人生目的？

接下來我們來探討，在尋求人生目的中可能發生的事及其步驟：

1. **你是帶著使命而來的**：神創造你的目的以及你今天之所以活在世上，是因為在某個特定的時間、某個特定的地點，有神要你去完成一項特定的使命，這使命是神永世計畫的一部分，而你就是唯一及最佳人選。你的一生都在為這使命做準備，神會藉著階段性的工作及任務，讓你完成階段性的使命並操練你的身心，你要做的就是開始認知定義時刻（拐點、轉捩點），並在做決定時有聆聽內心指引的勇氣。

2. **神量身訂製你**：神為了讓你完成世上獨一的使命，在創世之前就決定了你的生辰、壽數、出生地點、種族、國籍、遺傳因數及基因，並給予你特定以及獨一的天分、才能、資源以及獨一的個性。所以你的出生絕非偶然，更不是自然界胡亂拼湊而成的，你的父母未必有計畫將你生下，但神卻是，事實上你的出生在祂意料之中，是祂期待的。然而神也尊重你在出生之後的自由意識和選擇，並因你的選擇決定在世的幸福程度以及至終的去處。

3. **人自由意識的選擇——榮耀神**：宇宙的被造顯然是為人類生存而刻意精確打造的。宇宙中所有受造之物，包括人，若遵行神的旨意去生活而達成其受造目的，便是歸榮耀給神，所以宇宙存在的至終目的是顯明神的榮耀，在定義時刻若你的選擇是聆聽內心的聲音，而不理會世界的雜音，你的人生目的就開始漸漸顯明，並成為神永世計畫的一部分，你也因此榮耀了神。

4. **人自由意識的選擇——悖逆神**：你可以選擇不去完成使命，因為神讓你有自由選擇的意志。神的旨意無法被成就並不影響永世計畫的推行，但你卻會因為自身抉擇而遭受虧損；拒絕將榮耀歸給神是一種驕傲悖逆，我們都曾為自己的榮耀而活，卻不為神的榮耀而活，也就是這種驕傲，使撒旦拉著我們陷入罪惡之中。

5. **人生上半場——為己而活**：神將你放在一個特定時間、特定地點去生活，神會藉著給你特定的資源、才幹、能力、金錢、人脈以及你個人的自由選擇，去完成階段性的任務。過程中，神要你學習及經歷的事情，都是為了日後的呼召做準備，但人生上半場主要仍是為己而活、追求世上的成功。

6. **人生中場（上）——神的呼喚**：

定義時刻：神會藉著特定的情況將你帶入一個定義時刻，在巨大的人生逆境中（比方說工作出問題，或家庭、身體出狀況等等）神要藉此謙卑你，逼著你去過一個卑微的生活及去做卑賤的事，並給你足夠的時間及機會去重新思考人生的目的及意義。

生命改變：在面對此一前所未經歷的困境中，若你開始求告神並願意按照神的心意而行，就會調整你與神、與他人、與自己以及環境（工作）的關係，你的生命由此開始出現轉變。

神的方法：在受困、受罰的環境中（亦如在球賽場上犯規，而身處在罰區中），我們要以神的標準來行事為人，像是不欺騙、不自私、不驕傲，重新學習服事神、信靠神以及順服神的功課，讓神親自操練你的靈命，以培養你完成使命所需的品格，並為你將來要走出罰區做準備。

7. 人生中場（中）——經歷真神：

信心操練：當你親近神並學習服事、信靠、順服的功課後，你在困境中的狀況可能比以前更糟，這時要堅信是神對你信心的鍛鍊，要告訴自己仍不夠好、仍不夠格，仍要堅持用神的標準行事為人。

安慰鼓勵：此一階段，聖經信心偉人的事蹟，將會成為你在逆境中最大的安慰及鼓勵，聖經的經節也不再是去套人的律法，而是為自己做開心手術的利器。

8. 人生中場（下）——神的呼召

神的時間：當神的時間到了，你會發現神在永世之前就放在心中的旨意會開始顯明，一旦我們正面答覆，神就會藉著你所接觸人、事、物的回饋，來肯定你的存在是有意義的，在自我降服之中，你的人生便找到了目的。

9. 人生下半場——為神而活

走出罰區：當你經歷了神在靈裡的信心操練，並清楚認知到存活世上的意義以及人生的目的後，在對的時間神就會動

工，帶領你走出眼前的困境。

執行使命：走出了中場，你就進入了人生的下半場，在下半場中你要去做一件神在永世之先，就安排在你心中的一份特定旨意，因為這旨意你就找到了人生的方向，並從神那裡肯定了你存活的意義。

執著堅持：不是所有的人都能走出罰區，但能進入使命中的人會發現，人生下半場比上半場精彩得多。

▶走出罰區，通往使命路線

至於我自己，又是如何一路循著前述的步驟，慢慢找到人生目的並活出使命呢？以下便是我個人的生命軌跡簡述。

■人生上半場：為己而活

職業生涯的前二十八年，在美國及中國的高科技行業中，歷經工程師、經理人、總經理、總裁的職位，只有成功沒有失敗，雖然信主並積極在教會中服事多年，人生的意義仍是在追求職場上的成功。

■人生中場（上）：神的呼喚

為了更大更多的成功，決定在上海創業，在形勢一片大好中居然五年內接連失利五次，陷入人生從未有的大逆境中，並在 2009 年的金融危機，公司被迫裁員 50%，遭遇更深的困境。

■人生中場（中）：經歷真神

此時方想到求告神、在神前認罪悔改，將自己定位為神在企業及商業界的使者，並用神的標準管理公司，本以為神會立刻出手幫助我，沒想到仍讓我在罰區再待五年、失利五次。我堅信這是神在操練我的信心及品格，因此仍堅持繼續以誠實、利他、謙卑的原則管理公司，這也是我靈性增長最快、生命改變最大的一段時期。

■人生中場（下）：神的呼召

開始與主內志同道合的夥伴們，從事工作與信仰融合的培訓及諮詢工作，神開始藉著人、事、物的正面回應，在我內心做了肯定的呼應。

■人生下半場：為神而活

當神的時間到了，祂就帶我解決公司的困境並走出罰區，也將我人生上半場的工作經驗和中場的靈性操練結合起來，實踐社會貢獻者的使命。

如今，當我回頭看見神是如何藉由一雙看不見的手，引導我經歷一次又一次的定義時刻，並完成階段性任務，以至於我的人生是有清楚軌跡可循，我便由衷地慶幸能有神的同在。我也要感謝神，當我驕傲自認為什麼事都難不倒我時，祂總會適時地謙卑我、訓練我，指引我找到人生目的及永恆意義。

神很明確的揭示，我的人生目的就是在某些地區的華人教會和社區中做職場宣教的先鋒。目前做職場傳承的這些事情，並非我憑空想出來的，而是跟許多人接觸互動的結果。我每年固定到六個城市開辦相關的訓練課程，過程中若是沒有人願意

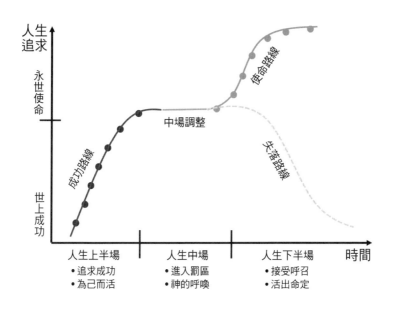

圖4-3 中場的回應，決定下半場的路線

接納我的教導，我如何能夠持續以開課和出書的方式來傳揚理念？

　　至於人生中場的調整之所以重要，是因為那決定了下半場會通往「使命路線」，抑或是「失落路線」（請見圖4-3）。

　　當我們經歷過中場的信心操練，培養出不自私、不欺騙、不驕傲的品格之後，就能順利走出罰區，進入下半場的使命路線，屆時便會發現，原來人生的下半場比上半場更精彩！相反地，個人若是沒能順利走出罰區，或不願積極回應神的旨意，隨著生命週期的衰老，人生下半場只會遭逢更多的失落。

　　所以在此也提醒大家，要時時關注自己投入的每一件事

情，隨時透過人事物的回饋來判斷，這是不是神要你去做的事情，藉此就可慢慢得知神對你的呼召是什麼。我也一直深信，任何內心的聲音都是神在對我們輕柔說話，祂也早就把使命放置我們內心深處。只要願意積極回應，神就會揭示預定好的人生目的，引領我們邁向豐盛的生命道路。

▶聖經人物故事

■約瑟的生命軌跡

1. **人生目的**：以色列人入埃及的先導。

2. **人生上半場──為己而活**：17 歲之前是家中被寵壞的孩子，愛做夢。

但神的計畫要他在 30 歲時成為治理埃及全地的宰相，並藉此職位帶領全家人從大饑荒的迦南地區進入埃及，成就了神的旨意。

3. **人生中場（上）──神的呼喚**：因為父親集所有寵愛於他一身，又愛告哥哥們的狀，於是他的哥哥們出於嫉恨，將他賣到埃及成為法老護衛長的家奴。身處前所未有的逆境中，約瑟開始祈禱與神同在，神讓他所行的盡都順利，以致護衛長將全家交在約瑟手中，約瑟學會了「**管理**」。

4. **人生中場（中）──經歷真神**：為了不得罪神，約瑟拒絕主人妻子的引誘，反被誣告入獄。在做了神眼中對的事情後，人生再往下滑，但約瑟仍信靠神，獄中典獄長竟把所有囚犯都交在約瑟手下，因此約瑟學會了「**領導**」。

5. **人生中場（下）── 神的呼召**：在埃及法老王身邊服侍、官拜酒政和膳長的二位親信，因為得罪法老被下在監裡。此時約瑟善於作夢的潛能，因為信靠神而激發成為**「解夢的能力」**，在獄中約瑟替他們解夢，並得到應驗，因此約瑟也開始了解到法老王朝的事務，但酒政被釋放官復原職後竟忘了他。

6. **人生下半場── 為神而活**：又過了兩年，神的時間到了，法老作了異怪之夢無人能解，酒政憶起約瑟，招來為法老解夢成功，並提出良策受到法老的賞賜，成為治理埃及全地的宰相。隨後的七年儲糧、七年發糧，約瑟在埃及因信靠神而學會的**「管理、領導、解夢能力」**都用上了。

■以斯帖的生命軌跡

1. **人生目的**：成為波斯王后拯救猶大民族的女英雄。

2. **人生上半場── 為己而活**：本是被擄到波斯首都、猶大民族的一個孤兒，從小在養父末底改撫養下長大。

神造以斯帖美麗、端莊、善良，並藉著波斯王后因驕縱被廢黜後，在招聚各國美女選妃的過程中，以斯帖（隱瞞猶大人的身分）成為波斯王后，並以此身分來完成她人生的使命。

3. **人生中場（上）── 神的呼喚**：猶大人的宿敵哈曼因末底改信神而不向他行禮，惹怒哈曼致心生惡計得波斯王同意定下毀滅猶大全族的計畫（又一個遵行神旨意而情況更糟的例子），末底改得知噩耗後立刻求見以斯帖，並囑咐她進去見王以解救族人，但以斯帖因害怕而拒絕。

4. **人生中場（中）── 經歷真神**：末底改託人告訴以斯

帖，莫想在王宮裡就可以躲過此災（因為她也是猶大人），並說在這關鍵時刻她若閉口不言，猶大人必從別處得解救（神拯救計畫仍能成就），但她和父家必致滅亡，況且神讓她得王后位份，不就是為了這一刻嗎？

5. **人生中場（下）── 神的呼召**：以斯帖被神藉著末底改所說的話語點醒後，回報末底改要他招聚所有的猶大人為她禁食禱告三晝三夜，她和她的宮女也要這樣禁食，然後她違例進入王宮見王，然後說，「我若死就死吧！」（神看重人得使命後，不怕死的決心及信心。）

6. **人生下半場── 為神而活**：以斯帖在三晝三夜的禁食禱告中，祈求神給她方向、智慧及勇氣後入朝見王，在幾次巧妙設計邀請哈曼及王共赴的筵席中，將哈曼除去，神藉著末底改

表4-4 其他聖經信心偉人的生命軌跡（人生三部曲）

信心偉人	上 半 場 為己而活	中 場 經歷真神	下 半 場 為神而活
亞伯拉罕	文明古國 ──迦勒底吾珥	低開發、壞風俗 ──迦南地	信心之父
雅 各	在家是個狡猾騙人的痞子	哈蘭為奴20年	以色列12族族長
約 瑟	家中寵子	埃及為奴	以色列入埃及先導
摩 西	埃及王子	米甸曠野牧人	帶領以色列出埃及
大 衛	曠野中牧童	曠野中亡命	合神心意的君王
以 斯 帖	被選為王后	冒死諫波斯王	拯救在波斯被擄的猶太人
保 羅	追捕基督徒	路上見主真光	外邦使徒
彼 得	漁夫	跟隨耶穌	教會領袖
馬 太	稅吏	跟隨耶穌	耶穌生平作者

的忠心及以斯帖的信心，完成了拯救猶大人的計畫，同時促成以斯帖的人生目的。

孔老師的心靈討論室

Q1：

你是否思考過人生的目的？身為一個半成品的杯子，你覺得自己受造的目的是什麼？

Q2：

當你身處在逆境當中時，是否曾經想過這是神要對你說話的時刻？是否曾經停下來傾聽內心的聲音，並依此做出決定？

Q3：

看完聖經信心偉人約瑟和以斯帖的生命軌跡，你的想法是什麼？當時的你的感受如何？有否後悔？

3

| 身分歸屬：自我與真我 |

每個人都是造物主眼中的唯一

有形之我非真我，無形之我乃真我。

※

　　似乎早在跟我碰面之前，對於自己的下一步該怎麼走，Tim 的心裡已經有了初步的定見。

　　「我在目前的診所已經工作兩年多，一直感覺不是很適應，最近常常在思考是不是應該轉換跑道，所以想來聽聽您的意見。」Tim，一位不到三十歲的年輕牙醫師，來找我一對一輔導時，已經認真考慮是否要朝教育領域去深造。

　　「你所謂的不適應，指的是哪些方面呢？」我試著邀請他把目前遇到的困境，用更具體化一點的方式來陳述。

　　約莫二十分鐘的時間裡，Tim 侃侃而談。從自己當初是如何努力用助學貸款完成牙醫學系的訓練，到後來畢業出社會工作所面臨到的一連串挫折。最後他說：「我愈來愈覺得自己對牙醫工作實在沒什麼興趣，與其這樣子硬撐下去，倒不如往真正的興趣去發展……」

　　我笑了笑。看著眼前尚在「找自己」的 Tim，心裡不禁想起了三十多年前，那個遠渡重洋到美國留學的自己。

　　當初跟我同時期到美國的台灣留學生，無不希望可以用最快的速度拿到博士學位，我卻反其道而行。縱然研究所的指導教授已經為我申請到全額獎學金，極力希望我繼續直攻博士，我還是在取得碩士學位後就去工作。

　　我那時候的考量是，與其一直窩在學校裡讀理論，不如找一家有學習潛力的公司待著，慢慢從做中學，也藉此一步步發現自己真正的興趣。換言之，若是沒有把自己放到實務現場去接受挑戰，並練習面對壓力和解決問題，一個人是很難光憑課本知識的教導就能發現真正的自己。

　　如同時下許多年輕人採取的遁逃策略，我知道 Tim 在害怕些什麼。為了把握所剩不多的輔導時間，我試著把話說得直接，告訴他：「其實你不是因為興趣不合要改行，而是在逃避從學校學生到社會工作者之間的改變，尤其是當上司的要求嚴格一點，你就壓力大到受不了，然後想逃避。」

　　見 Tim 如大夢初醒般，我試著進一步激勵他：「若你只求改變環境來適合你，而不改變自己去適應環境的話，長此以往，只會不斷從一個專業逃到另外一個專業，終至一事無成，想一想，這樣不就太可惜了嗎？」

　　Tim 完全同意我的觀察和分析，並趁輔導結束前，跟我一起擬定一些改變自己的方法。幾天後，他還特別寄來一封感謝郵件，承諾會繼續告知接下來的進展，希望我能共同見證改變的成效。

　　實際上，要一個人徹頭徹尾做出改變，沒有想像中容易。六個月後，一個偶然的機會中巧遇 Tim，幾句的寒暄當中，對

方並未主動提及改變後的近況，那時我便心裡有譜，他大概仍在「找自己」的路上徘徊猶豫。

· · · · · · · · · · · · · ·

台灣曾經流行過的一句廣告詞：「只要我喜歡，有什麼不可以」。在一九九〇年搭配廣告飲料的播出，引起很多年輕人的共鳴，但也陸續掀起不少社會輿論的撻伐。

姑且不論這句話本身的對錯與否。實際上，光是先反問一個人：「真的知道自己喜歡的是什麼嗎？」或是「認識自己是誰嗎？」絕大多數的人就已經先被這問題打敗，更別說要主張喜歡或不喜歡什麼的權利了。

如同我在前兩篇文章所揭示，沒有人天生就知道自己是誰？以及來到這個世界上的目的是什麼？必須要先連接上創造生命的源頭，方能得知當初受造的目的及其奧祕。

在尚未發現真正的身分以前，我們都只能藉由「我的」來認知自己。比方說，「父親」的這個身分代表我擁有「我的孩子」，「丈夫」的身分對應「我的妻子」，「總經理」的身分對應「我的工作」等等。

包含外在的形體在內，這些都是有形的我，也就是俗稱的「自我」，但那並不等同一個人的「真我」。而**一個尚未發現真我的人，基本上是稱不上已經認識自己是誰，以及知道自己真正的喜歡是什麼。**

▶無形先於有形，自我不等於真我

　　有形之我非真我，無形之我乃真我。很多人不知道，神早在創世的時候就創造了一個無形的「靈體我」，直到出生來到這個世界上，才又創造有形的「身體我」。因此當我們說「我的」，其實就已經說明這些只是我的一部分，「我」才是一切「我的」的主人。

　　我，是無形的我，是真光，是真真實實的我。想想看，身為一個具有靈魂的人，我們每天花多少時間精力在培育靈性（真我）的成熟呢？而我們又要如何預備「真我」從肉體解脫後，所要去的一個新世界呢？特別是身為基督徒的人，

圖4-5 神量身訂製靈、魂、體，邁向全人整合

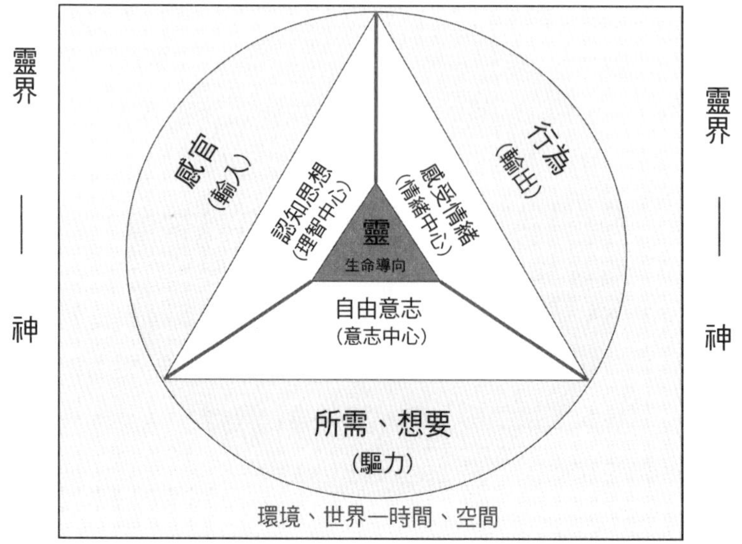

當有一天無形我離開有形我，我們是否能夠坦然無懼的面對神呢？

透過圖 4-5 可以清楚看到，當初神是按照靈、魂、體的次序和規格來創造我們的。聖經當中經常把靈比喻為人類的內心世界，神所造的個人靈命，是人生意義、人生目的、真實身分三者的混合體，這也正是為什麼當我們找不到生命答案的時候，內心會感到一股無以名狀的空虛。

■靈

來自於神，不屬於物質世界，具有超個人（transpersonal）的特徵。靈所追求的生命範疇亦是超越自我利益，傾向進入到關係中付出和犧牲，又因靈兼具了信心、愛心、良心，神經常會藉由靈裡的真光來呼召我們，願意予以正向回應的人，便能體驗到內心真正的平安喜樂，乃至於活出永恆的意義。

■魂

相對於靈是靈命中心，魂屬於物質世界，是我們思想、感情以及意志的中心，運作基地在我們的大腦中，這部分也是神按照生命任務來設計個人的心理（精神）素質。它們的組成如下：

1. 理智中心——IQ 的高低、學習、思考的聰明及智慧
2. 情緒中心——EQ 的強弱、情緒的穩定與波動
3. 個性中心——理性或感性、強勢或和平、鬥志高或低
4. 意志中心——意志力高或低

5. 德性中心——品格高或低，良知生來不同但有共同性

■體

則是靈與魂的載體，和魂一樣屬於物質世界，是我們與外界互動的介面，而神也同樣是按照生命任務來量身打造我們的生理組成。它們的組成包含了基因、性別、長相、血脈、潛能、健康素質，是我們的感官、行為、驅動中心。

▶神如何因使命創造你

神除了量身訂製我們的靈魂體，還會因著個人所肩負的使命，為其打造出各種相應的主、客觀條件。

1. **靈命**：你的生命導向也是你人生目的（使命），真實身分（真我），以及相對應的人生意義（價值）的綜合體。

2. **熱情**：為了指引你去完成獨一的使命，神造你天生對某些人、事、物、理念等有特殊的敏感或熱情。

3. **能力**：因著使命神，也會賜你與熱情搭配的天分、才幹、資源等，在對的時間點一一被激發並茁壯。

4. **個性**：與使命及熱情交軌，神也將你接線成為一個感性的、理性的、知性的或隨性的人。

5. **經驗**：神看不見的一雙手默默地帶領你，藉著完成階段性的任務，使你得到完成使命必須有的專業及綜合能力。

因此我們可以看到，當你過的是使命導向的人生，其內涵會如同圖 4-6 所示，不只工作經驗的累積具有國度性，最終也

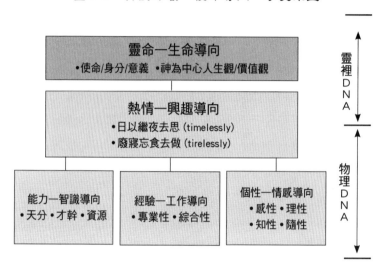

圖4-6　神的原創—使命導向—承受永生

是為了實踐以神為中心的人生觀。

　　既然神對每個人都有一個使命和呼召，為什麼還是有那麼多人不知道這輩子所為何來，因而感到空虛不安呢？原因是：人沒有按照神的原創去做，而選擇跟隨自由意志。

　　神先天就賦予人在靈裡有自由選擇的意志，但也因為擁有自由意志，人類開始相信自我而遠離真神。由於神不希望人變成沒有意識的機器人，所以給每個祂造的人自由選擇：愛神或不愛神，如此的愛方為珍貴，並藉此來做永生或永死的審判。但人類自始祖亞當沒有聽從神的話，受了撒旦的誘惑，吃了分別善惡樹上的果子而犯罪，因此從神的原創中集體墮落。

　　後天的影響則是，人雖然承受了神天生的靈、魂、體，但在後天接受世界思想體系的影響下，自由意志做出正確抉擇

的機會愈來愈小,在我們愈來愈自以為是(自我)的情況下,便偏離神愈來愈遠。至於世界的思想體系,又可細分為下列這些:

■**知識**:不同等級、類別的知識及教育影響人的一生,知識在某些層面上可以改變個人的命運。

■**文化**:可見卻不可觸摸,還能像強力膠把一群人聚集在一起,是一個整合體系,其中包括:

A. **行為**——做事的方法

B. **價值**——選擇什麼才是好的、有益的、最好的

C. **風俗**——衣飾、飲食、年節等

D. **組織**——政府、社團、學校、家庭

E. **信仰**——關於神、現實或終極的意義

■**時代烙印**:媒體多少都影射出一些思想及念頭,希望大眾接受。

以上三者都是物質世界的產物,並非神創造的,但它們卻形成我們的思想體系,也就是我們的相信體系。我們的人生觀及價值觀,亦是建構在此一體系之上。而且我們自出生起在自由意識驅使下,頭腦就不斷在接受新的知識、文化(和時尚的)烙印,並從中調整出一個以自我為主導的思想、相信、決斷體系來主導人生,進而造就出「自我體系」——世界思想體系所造出人類的自大、自義、自狂、自戀、自傲的綜合體。

縱然如此,神原創的靈並未消失,只是深深地埋藏在我們的內心。但一個以世界為導向的人生,因為所做的一切都是為己,實踐的也是世界體系推崇的人生觀,最終便與永生無緣,

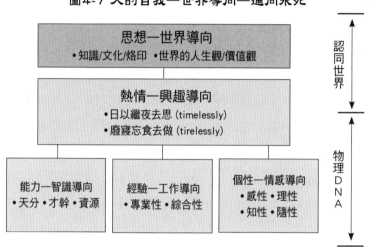

圖4-7 人的自我—世界導向—邁向永死

只會邁向死亡（請見圖 4-7）。

▶改變世界之前，先改變自己

　　曾經在一個場合中，有位中年人主動和我分享心路歷程。

　　他說道，以前的自己都是在別人設定的角色中奮鬥，內心雖不快樂，卻以為那是自己想要的人生。「直到有一天，聖靈的光照亮了我的內心，才知道原來還有另外一個『我』」。自此，他開始從靈性的角度重新認識自己，讓這個意義核心擴張到全人，生命也得到前所未有的更新。

　　那位中年人的轉變，正是起源自神的呼喚。神在我們每個人的靈裡密碼（DNA）中，各自寫了一個與眾不同的程式，

只有在特定時刻和特定狀況中，才會啟動並自動運轉，藉此喚醒我們，揭開「我是誰」的奧秘。

在被喚醒的時刻，只有相信神藉著祂愛子耶穌，在十字架的犧牲所帶來的救贖，而且願意認罪悔改後，我們才有機會做出較正確的選擇，找到真我。此階段是屬於神的恩典、神的作為，基督徒並不是靠自己的修行，而是因為信靠耶穌的救贖而成為神兒女的身分，並得到永生的福分。

人必須在靈裡實際面對面的經歷過神，方能知道自己是誰，從神而來的聖靈也會開始為你做「開心手術」，一步步將原有的盜版人生內容，改成在永世中為你量身訂製的正版內容及應用。

雖然神透過靈裡的 DNA 召喚我們，但我們物理的 DNA 仍四處亂竄，只有將「神的靈」當作生命導向的靈性 DNA，靈裡及物理兩方面的 DNA 才能無縫接軌。這時，我們才得以階段性的認知到，自己的人生目的和真實身分，並在內心的平安喜樂中感受到人生的意義。這亦是一個因義成聖的階段，基督徒們無論遭遇什麼困境都務必持續堅信，因為成聖的過程是基督徒的責任，而且也唯有先改變自己，方能進一步改變世界。

▶永久性的改變，始於真正的重生

人的改變有兩種。一種改變是從外在來改變，這種改變可能可以維持一陣子，但不持久也不徹底；另一種真正徹底的改

變則是，整個人要被灌注新的元素在裡面，道理正如同在氫裡面加入一點氧，這個氧會不見，但若一直有氧進來的話就會變成水，而這就是我們找到自己是誰的一個過程。

第一種較短暫的改變叫做 change，第二種屬於永久性的改變叫做 reborn。一般人對於重生的觀念，大多以為是肉體上的重生，但人不可能重新回到母腹被生出來，所以這裡說的重生其實是跟神的國度（天國）有關。

這又好比在自然界裡，一隻蛻變成蝴蝶的毛毛蟲，雖然是來自於同一個主體的轉換，但變成蝴蝶之後的毛毛蟲，本質上就已經不再是毛毛蟲了，而是一隻徹徹底底的蝴蝶，牠的姿態、生活型態，乃至於生理運作，儼然已是另一種昆蟲樣態。

如同耶穌所說：「我實實在在地告訴你，人若不是從水和聖靈生的，就不能進神的國。」有些基督徒雖然宣稱自己做了一些改變，卻沒有真的讓聖靈進到生命裡面去，變成只是在腦子裡改變，也就是用一個觀念來取代另外一個觀念。

實際上，真正的改變不會只停留在頭腦裡面，而是一個從內在質變走向外在量變的過程。**當你開放生命讓聖靈掌管以後，就不再是用頭腦來決定做人做事，而是以聖靈為依歸，這才是真正符合信仰裡的重生定義。**

歷經蛻變重生的基督徒也是一樣，生命被提升到靈性的境界之後，人生的視野和思想的境界，自然不能同日而語。只不過，說到這裡可能有人會問：「既然重生有那麼多的好處，為什麼做到的人卻不多呢？」

這的確是一個非常值得深思的問題。而真正的癥結便在

於，蛻變重生的過程，如同毛毛蟲必須在蛹裡待上十天、半個月，等待生理結構的重組和成熟，方能順利羽化。但有很多人要不因為害怕困在蛹裡而遲遲不敢結蛹，要不就是耐不住漫長等待而提早破蛹，最後落得徒勞無功的下場。

進一步將比喻轉換成實際的語言，造成我們無法結蛹重生的關鍵便是，當前外在世界對我們的影響和限制。想想看，為什麼絕大多數的人這麼難以知道靈性是什麼？正是因為靈被包在腦裡面，腦又被包在身體裡面，而身體又要活在這個世界裡面，層層的包覆之下，靈性當然就很難被我們感知到。

基於對人類的尊重，神即使創造了我們，卻仍然保留了自由意志的部分。而我們因為身處在世界，從小受到政治、文化、家庭等環境的薰陶，加上成長過程中所受的教育以及社會價值觀的影響，讓我們變得愈來愈以自我為中心。

▶重生四步驟，幫助人們找到唯一

天才科學家愛因斯坦曾經說過：「每個人都是天才，但如果你叫一條魚去爬樹的話，牠一輩子都會覺得自己是笨蛋。」亦即，在神的眼中，每個人都是獨一無二的設計，與其事事爭求第一，更重要的是要找到自己的唯一——也就是個人的專屬的第一。就像一滴水掉在大湖中，無影無蹤，同樣一滴水掉在花上，在陽光的照耀下就如珍珠般的美麗，我們每個人都應該找到讓我們發光的獨特優勢。

我相信世界上一定有樣東西可以讓我們超越平庸的生活，

抵達內心的至終夢境和遠方，對我來說這樣東西就是「想像力」，但發現的過程中需要具備改變現狀的「勇氣」。而也正因為改變並不容易，神自有一套促使人們邁向重生的操作流程，其大致分為四個步驟：

Step1：製造危機——人的盡頭

1. **製造危機：**人的本性是害怕改變的，除非我們目前狀況的痛苦超過了改變的恐懼時，我們才會採取行動，所以神會允許讓一個危機、一個挫敗、一個問題或一個刺激來激起我們的注意。

2. **人的盡頭：**當我們對目前景況不舒服、不滿意以至感受到痛苦不堪，而且自己又沒有解決這景況的能力時，我們才開始有讓神來動工的動機，我們會向一個超自然的、看不見的聖靈呼求。

Step2：神的開頭——執著堅持

1. **神的開頭：**神出現後，人的自我就會與聖靈交戰、爭奪人的主導權，這就是天人交戰的關口，在習慣於自我思想體系許多年後，這體系已與我們的生活、習慣等盤根錯節地融為一體，牽一髮而動全身，因此我們是抗拒重生的挑戰，許許多多的人就在這節骨眼上放棄。

2. **執著堅持：**但想接受神賦予的重生，意即在習性、品格、個性上重生，那就必須要先交出自我，並且學會堅持、耐心忍受蛻變的過程。神往往不會及時解決我們的危機，祂要等到一定的時間，確信我們是真心想改變時才會動工，所以我們不能太早放棄，一直堅持到神改變目前光景才罷手。

Step3：認罪悔改——得新身分

1. **認罪悔改**：悔改，是懊悔老我的生命，願意改正接受神救恩計畫，在重生過程中重要的一環，因為我們若不誠實承認並面對自己的錯誤、罪過、軟弱和問題，我們就無法重生。除非我們先悔改，神是不會在這問題上動工的，承認錯是神謙卑我們的開始，因為我們總是為面對的危機找藉口，不是埋怨環境就是怪別人。但是當我們一認罪悔改（接受並相信耶穌的救恩）時，神就將所有的能力及資源送過來，將我們改造成更合神心意的好人——靈裡破碎。

2. **得新身分**：但若在此情況下，我們因自我的驕傲不悔改的話，會在不久的將來遇到下一個相似但更嚴重的狀況，這次沒有學會的下次還要重學，神會一再用各種不同的機會來教導我們，所以聰明的人會在第一次危機發生時就學會了，因為也可能根本沒有第二次機會，來得重生後的新身分。

Step4：與神合作——摘下光環

1. **與神合作**：我們每個人都希望將人生中最好的部分活出來，重生的人應該是以神為中心的人，要相信祂比我們更清楚如何去做，因此這時切記不要搶在神前面去做，即使你是在為神做事，也要等候神的旨意而不要因感官的感覺行事。

2. **摘下光環**：我們每個人都有自己自豪的地方及功績，我們有自認為最棒的本領，有自認為最強的專長，也有我們最響亮的頭銜。當我們重生後——神仍會用我們的才幹、經驗、資源去行事，但在成事上要靠神的大能，如此我們才能成為更有能力的人。

以我自身為例。在「製造危機」的階段，神讓我在創業五年經歷五連敗，自認無能為力後才不得不開始謙卑求告祂，這就是「人的盡頭」；進入到「神的開頭」階段，神啟示我用祂的方法管理企業，並成為神在企業界的使者，但公司的景況更糟，為了尋求信心支撐，我開始在聖經信心偉人故事的鼓勵及啟發中，學習繼續用聖經原則帶領公司，磨練出「執著堅持」的態度。

「認罪悔改」階段，我又再次歷經五年五次失敗，但也因此得以在挫折困頓中體驗來自神的平安。秉持著對神的信心，我相信只要時間表一到，祂就會替我的公司開路，並領我在人生下半場全時間做職場宣教工作，那時我便可「得新身分」。

最後是「與神合作」。當公司被中國大陸某知名企業收購後，我終於得以正式進入全時間投入在職場的事工，但過程中，神常常要我保持低調，以謙卑的態度來完成使命，並儆醒不可偏行己路、走在祂的計畫之前，這對長年在職場呼風喚雨的我來說，等同要學習「摘下光環」。

那樣的重生過程著實不易。然而，放眼聖經中的信心偉人，幾乎每個人的重生歷程都免不了要走過這一遭，因為說實在話，人在景況得意的時候是不會想要改變的，通常都是因為碰到一個解決不了的危機，才會願意放手讓神來做主。

還記得我在上一篇文章曾經呼籲，要專注在真光而非影像，若將同樣的概念套用在本文，意思便是說，我們要專注在靈命而非身體。當我們不再只是仰賴身體感官覺察的影像來過日子，而是定睛在靈命真光的追尋時，那麼不僅能夠發現自己

的真實身分是什麼，還能活出個人潛力中的無限可能。

▶聖經人物故事

■雅各的重生四步驟

雅各，舊約聖經中的人物，故事見於〈創世紀〉。他曾經為了爭長子的名份，用一碗紅豆湯誘騙哥哥以掃，也曾經為了換得妻子拉結，替舅舅拉班勞動超過二十年。在他歷經了一個生命中的大危機之後，神才將他改名為「以色列」，藉此宣告他真實的身分——以色列民族的象徵。其重生歷程分析如表4-8。

■保羅的重生四步驟

保羅在神眼中的真實身分是外邦使徒，因為原本呼召的十二個門徒不外是漁夫、稅吏等等，神需要一個受過猶太民族法利賽人神學訓練的高知識份子，又是羅馬公民，受到希臘文化的薰陶，出生在猶大地之外的世界公民來擔當此一重責大任。

保羅是個有狂烈使命感且敢做敢為的人。以前對猶太教忠心盡力，信主後對耶穌是基督的福音大發熱心，四處旅行佈道為耶穌作見證。神為預備他承接大使命，讓他在猶太人敬仰的律法師伽瑪列門下受教，嫻熟舊約聖經的律例、章典和誡命，他的思路清楚、善於感召影響他人，處事黑白分明。保羅亦同時具有感性、知性和理性的一面。他對人有興趣、善於交友，對知識痴迷、善於著作，對做事有興趣、善於建立教會。神用

表4-8

Step1：製造危機──人的盡頭	
製造危機	神對雅各的重生始於要雅各逃離岳父拉班，但雅各帶著妻兒和財寶在曠野途中，又得知兄長以掃正帶著四百人準備前來復仇。
人的盡頭	後無去路、前有追兵，雅各眼見一生的打拚，以及全家人的性命即將毀於一旦，自己卻無能為力，便感到懼怕、愁煩，神知道此時，他必求告祖父和父親的神──耶和華。

Step2：神的開頭──執著堅持	
神的開頭	神的使者和雅各摔跤整晚，黎明之際，那人在雅各大腿摸了一把使其瘸腿，雅各堅持要那人給祝福才肯讓他走，那人便將雅各改名為以色列。
執著堅持	危機時刻，雅各決定全然交出自我、向神降服。雖然在與神的使者摔跤的時候，他很想休息、放棄，心裡也很鬱悶，但仍堅持要神介入，也就是堅持要得到神的祝福。

Step3：認罪悔改──得新身分	
認罪悔改	那人在給祝福之前，先問雅各叫什麼名字。雅各在希伯來語中是抓住的意思。神不會不知道雅各的名字，問的目的是要雅各承認自己原來的個性和罪性。雖然當時雅各仍是爭權奪利者，但他回答神時卻是誠實的，回答的同時也讓他體驗到以前欺騙人的痛心感受，因此願意認罪悔改。
得新身分	承認自己是誰之後，開始與神合作，神就立刻重生雅各。當神一開始工作，第一件事就是給他一個新名字來表徵一個新的身分，而且那才是他真實的身分──神的兒子、神的長子。（出4：22）

Step4：與神合作──摘下光環	
與神合作	神並沒有要雅各萬分努力，並且用所有意志力把事情做得完美，因為祂知道意志力只能對外在狀況的改變產生作用，唯有內在心態才可以做到質的改變，而這部分只有神可以幫助我們。
摘下光環	當天使與雅各摔跤時，天使在雅各的大腿摸了一把，導致其大腿骨脫臼，雅各的後半生就瘸了。大腿肌肉是人體最強壯的，神刻意在雅各最強壯的地方下手使他軟弱，藉此提醒他往後的人生不要再逞強（神在人的軟弱上，反使他保全了生命和財產），要學習相信和依靠神的力量。

他前半生所學所做及所給的資源，加上中場的親自教練後，告訴他去承接外邦使徒的位份。其重生歷程分析如表 4-9。

表4-9

Step1：製造危機——人的盡頭	
製造危機	掃羅在近大馬色的路上，天上發光，四面照射他，就仆倒在地，眼睛看不見——人的盡頭。
Step2：神的開頭——執著堅持	
神的開頭	有聲音對他說：「你為什麼逼迫我？」「起來進城去，你所當作的事，必有人告訴你。」掃羅從地上起來，有人領他進了大馬色，他三日不能看見，也不吃、也不喝——執著堅持。
Step3：認罪悔改——得新身分	
認罪悔改	進入大馬色後，掃羅接受神差的一個門徒按手在他身上禱告，爾後聖靈充滿就能看見，並受了洗，因而得到外邦使徒的新身分，後改名為保羅——得新身分。
Step4：與神合作——摘下光環	
與神合作	此後保羅在亞拉伯曠野三年，得神啟示後，放下拉比的身分，謙卑忠心地執行外邦使徒的命定，直到為主殉道——摘下光環。

表 4-10 聖經偉人重生後被神改名，獲知真實身分

聖　徒	神賜新名	真正身分
亞伯蘭	亞伯拉罕 (創17:5)	多國之父
雅　各	以色列 (創32:28)	以色列族長
西　門	彼　得 (太16:18)	教會領袖
掃　羅	保　羅 (徒13:9)	外邦使徒
利　未	馬　太 (太 9:9)	耶穌門徒

孔老師的心靈討論室

Q1：

你目前是否正面臨到困境？是否有想過因此做出什麼改變？
什麼導致你不敢踏出改變的第一步？

Q2：

從靈性、熱情、能力、個性、經驗等面向來歸納分析，你是否
看見神為你預備什麼樣的大使命？

Q3：

信主之後，你是否實際經歷過重生的四步驟，過程中的感受和
心得為何？雅各和保羅的重生故事又讓你獲得什麼啟發？

4

|幸福歸屬：生活與生命|

以神為中心，邁向天人合一

生活是量的增減，生命是質的恆變。

✳

Benson 是一個剛信主沒多久的年輕人，對於何謂真正的信仰內涵，仍處於摸索的階段。

有次見面他問我：「孔老師，我已經信耶穌一陣子了，每天都跟著教會的進度讀經禱告，也參加教會的許多活動，但心裡仍不免會問自己，難道這麼做就可以得永生了嗎？其中有否階段性的目標？似乎聖父、聖子、聖靈三位一體的觀念有點玄，我要如何弄明白呢？」

一口氣連問了三個至關重要的信仰問題，Benson 為了我們這天的見面，顯然是有備而來。

我告訴 Benson：「根據聖經的啟示，神對人類的救贖計畫分為三個過程：(1) 因信稱義、(2) 因義成聖、(3) 因主得榮耀。藉此幫助信靠祂的人得以完全，邁向信仰更成熟的階段。此外，在不同的時代裡，三位一體的神也會以其中一個主要顯明的位份，讓當代的人類認識祂。」

接著他又問：「聖父創造全宇宙，所以與我有關，聖靈是

賜給所有基督徒的，也與我有關，但耶穌是兩千多年前的一個猶太人，似乎就離我很遙遠了，但聖經上卻又說耶穌為了我上十字架，甚至流下寶血遮蓋我的罪，這個邏輯在我腦子裡就有點過不去了，能請孔老師進一步說明嗎？」

　　我露出了欣慰的笑容，一方面讚賞 Benson 鑽研精神，另一方面也很高興能夠經由他的提問，將這個多數基督徒都搞不清楚的時序邏輯，予以充分說明。

　　「聖父在創造宇宙萬物之後，歷經了始祖犯罪、人類集體墮落、洪水之災，以及巴別塔事件，就決定選擇一個弱小的猶太民族來成為他們的神，直至時候到了，耶穌基督才降生成為全人類的救世主。我們身為猶太人之外的外邦人，都是藉著信靠耶穌基督，方能罪得赦免並且有永生的盼望，所以福音書上記載，祂的降生是關乎萬民的，人要稱耶穌的名是以馬內利（神與我們同在）。」

　　至於兩千多年前的耶穌為何與我們有關？我接著解釋：「因為耶穌是聖靈感孕，童女所生，所以祂是百分之百的人，也是百分之百的神，因此祂能藉著被釘在十字架上的死，為全人類的罪做了贖罪的獻祭（完全的人的身分），然後，再以三天後的復活（完全的神的大能）來作為所有信靠祂的人，將來復活永生的榜樣。」

　　也就是說：「任何認罪悔改來到神面前的人，因為相信耶穌而得寶血的遮蓋成為聖潔，便能坦然無懼地來到至聖（聖潔）的神面前，而得聖父的赦罪、領受聖靈的恩膏、並得永生的盼望，洗禮則是個人重生得救的見證及宣告。這個因為蒙拯救而

與神和好的過程，便叫做『因信稱義』。」

「不知道這樣的說明，有沒有為你解惑？」我問 Benson。

「有的有的，謝謝孔老師的耐心指教，讓我這個信仰門外漢總算信得比較踏實一點了！」帶著愉悅的心情，Benson 起身準備離開會談室時，還不忘熱情地與我相約下次見。

● ● ● ● ● ● ● ● ● ● ● ● ● ● ●

在前三個章節當中，分別講述了人生意義、人生目的，以及個人的真實身分之後，接下來要跟大家談的就是「天人合一」這個終極層次了。

何以稱之為終極？是因為即使我們已經藉由認識神，發現到人生意義和自己的真實身分，仍可能一直停留在理解階段，未必能實際與神同工同行。但這裡講的天人合一是指「活在地上的天國之中」，一旦活在該層次裡，我們每天睜開眼的一切行動，便會從「過生活」進化到「過生命」，並且獲得生命的永恆質變。

為了帶領大家進一步了解「天人合一」的內涵，一開始，先來談談何謂救贖？很多人都以為，只要受過浸禮就已完全得到救贖，實際上，救贖還可從聖經的羅馬書中細分為三個過程：

1. **因信稱義──神的作為**：因著信靠耶穌來到神面前，成為得救者→藉著經歷神而接受福音。

2. **因義成聖──基督徒責任**：因著聖靈帶領與神同行，成

為得勝者——藉著持續經歷神而接受使命。

　　3. **因主得榮耀——耶穌再來**：藉著身體復活得到盼望中的賞賜，成為得冠者——藉著神國職份與神永遠同掌王權。

▶因信稱義而成為得救者

　　因信稱義就是把耶穌基督引進生命當中，像是有很多基督徒（如 Benson）跟著教會讀經禱告，或是參與一系列的教會活動。一如我們所知，耶穌是神永世計畫的中心，亦是道成肉身的神。猶太教之所以主張一神論，認為世上只有聖父耶和華，是因為在舊約時代，三位一體的神是以聖父位份顯現。

　　直到耶穌降世，基督信仰先後歷經了福音時代和教會時代，基督徒才得以理解到，原來神會在不同時代，以不一樣的位份來顯明自己，藉此讓當代的人們認識祂。因此透過圖 4-11 我們可以看到，猶太人以外的外邦人，都是藉著相信新約中的耶穌而認識並體會到聖父耶和華，並領受聖靈保惠師的恩膏和同在。

　　至於我們為什麼要接受主耶穌成為救主？聖經上的彼得說：「你們個人要**悔改**，奉**耶穌**基督的名**受洗**，叫你們的罪得赦，就必領受所賜的**聖靈**。」保羅也說：「『約翰所行的是**悔改**的洗，告訴百姓，當信那在他以後要來的，就是**耶穌**。』他們聽見這話，就奉主耶穌的名**受洗**。保羅按手在他們頭上，**聖靈**便降在他們身上。」耶穌更是曾經言明：「我就是道路，真理，生命；若不藉著我，沒有人能到父那裡去。」

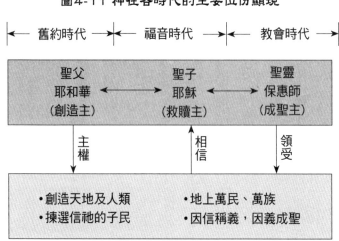

圖4-11 神在各時代的主要位份顯現

這整個同時經歷的救恩行動及過程叫因信稱義——原本有罪的人類是無法與至聖（聖潔）的神接軌而得永生，但罪人可以藉著相信耶穌在十字架所獻的贖罪祭而得拯救（因信），並且在向神認罪悔改時被算（稱）為無罪，因而與神和好（義）、得永生的盼望。

▶因義成聖而成為得勝者

因信稱義是出於神的作為，因義成聖則是基督徒本身的責任，到達該層次才能從得救者變成得勝者，並且在成聖的過程中接受使命，持續地經歷神。成聖的內涵又涉及到三個觀念：(1) 清潔的級別、(2) 不進則退、(3) 天人合一。

1. **清潔的級別**：世界上的級別標準大致為二，乾淨或不乾淨，但聖經的舊約和新約皆提到，人的心靈清潔卻有三個級別：「汙穢（罪惡敗壞）、潔淨（世俗良善）、聖潔（神聖敬虔）」。而我們之所以要聖潔，是因為神是聖潔的。

當一個人因信稱義了，會從汙穢晉級到潔淨。在我的觀念裡，悔改並非一生只有一次，而是在做了基督徒以後，因為經常認知到自己仍在犯罪，所以願意時時回到神面前認罪悔改。也就是說，第一次認罪悔改指的，是神把我們原有的「罪性」都一筆勾消。但成為基督徒之後，所犯的「罪行」（舊有的惡習），還是得藉由一次次的悔改禱告，來得到神能力，幫助我們脫離「惡習」。

站在神的角度，祂不只希望我們止於潔淨，更期盼看到基督徒臻於聖潔這個最高級別，只不過人不可能跟神一樣到達至善，邁向聖潔其實是一個持續不斷的提升過程，而且不進則退。藉由圖 4-12 的呈現便可以知道，無論是在舊約或新約時代，成聖道路都是一個不斷向上提升的過程，必須慎防墮落回罪惡污穢當中。

聖潔不是一個名詞，而是促使基督徒道德向上的動力，我們積極邁向成聖的道路，並不是為了證明個人的信仰造就有多高，而是有鑑於當前物質世界和道德水準的日趨腐敗，身為基督徒的我們若是不如此行，恐怕不知不覺中就會被世界牽著走，甚至轉而敗壞。

2. **不進則退**：自始祖犯罪後，土地也因人犯罪而敗壞，世上所有事物除非有外力的介入，都有自然退化的傾向。隨著時

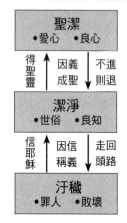

圖4-12 因義成聖──聖潔的級別

舊約摩西律法：出、利、民、申
聖潔──歸耶和華為聖而分別出來

新約基督律法：四福音書
信心──因信稱義，因義成聖

間的過去，會從有次序變成沒有次序，這不進則退的原則也包括了我們心靈的狀況，所以我們在成聖的過程中，要靠著聖靈向上推動的外力。

例如新車放久了也會解體。意思就是說，如果我們把一部新車放在室外都不去保養它，過不了多久，車子就會在自然界中朽壞，乃至於解體。而我們之所以要經常保養車子，就是要用外力避免車子從有次序（有結構）走向無次序（無結構）。

同樣地，任何吃的東西放在外面也會慢慢腐爛掉，從科學的角度來說是因為有細菌，細菌就是讓物質從有次序變成無次序的關鍵；再比方說，庭院裡的花叢很漂亮，但假如兩個禮拜不去理會，雜草就會長出來遮蔽美麗的花朵，失去了整體秩序；還有，為什麼神要讓地球有四季？其實就是想藉著四季

變化的外力介入，把地球又洗淨一遍。

前述這些都是代表不進則退的概念。藉由這些例子，我想強調的一個重要觀念仍是：「人的心靈也是會愈來愈腐敗，所以需要聖靈的外力介入才能成聖。」

唯有藉著持續對聖靈的追尋，才能夠聖潔。而透過靜力操練來跟神獨處，則是成聖不可或缺的一部分，亦是我每日的功課。另外，聖經上也提醒我們要聖潔，並指出「聖靈所結的果子就是：仁愛、喜樂、和平、忍耐、恩慈、良善、信實、溫柔、節制。這樣的事，沒有律法禁止。」結合聖經教導和個人體會，我也嘗試整理出五種因義成聖的組合：

組合 1：聖靈引領 → 靈裡破碎 → 生命改造

組合 2：聖靈果子 → 品格淨化 → 行為改變

組合 3：國度使命 → 真實身分 → 榮神益人

組合 4：持續堅信 → 神的方法 → 信心操練

組合 5：慢與堅持 → 每天進步 → 神的時間

3. **天人合一**：至於要如何將這樣的道理，在日常的生活當中實踐出來？接下來就要告訴大家「天人合一」的觀念，意即透過一個成聖的生活，在地上活出天國。

首先要說明，所謂天人合一，天指的是生命，人指的是生活。一個將生命和生活合而為一的態度，就是勉勵人從一個「以己為中心」的人生價值觀，調整成為「以神為中心」，如此才會達到我所說的最高層次——在地上活出天國。其體現於生命各層面之後，呈現的結果如下：

1. **人生觀**：我活在世界上的目的不再是為己，而是找尋及

活出命定。

2. **價值觀**：以我新的人生觀開始重新設定，生活中的先後次序及平衡。

3. **事業有成**：做事為神而做（態度），並與神合作（方法），以創造社會價值、服務他人為主；每天合理工作時數是為了追求成就感，期待一天比一天好，而不是為了追求成功的擁有物，並且要把結果交給神，這就是信心的考驗。

4. **家庭幸福**：以神為家庭的中心，起衝突時不以感情行事而以神的愛心行事，因此夫妻之間和諧。孩子教導以成為神的兒女為第一優先，將孩子交給神帶領（屬靈的事優先）而不是將孩子推向並融入世界（深怕孩子輸在起點）的洪流中，親子關係自然和諧。

5. **身體健康**：內心的平安是健康的泉源，當個人以神為中心，就能時時支取從神而來的屬靈養份和能量，藉此更新身心靈。這並不代表我們就不用注意飲食或做運動，而是說當我們跟神的關係對了，內心有平安的話，自然會活出一個有紀律的生活，進而使身體保持健康。

生命的意義本在於靈命的追求。如果是任由生活來帶領生命的話，就會把生命當成是 something nice to have（意即有很好，沒有也可以）。這一類的基督徒雖然覺得基督教義適合自己，但主力還是放在生活，加上不明白生命的意義，到頭來還是會哀嘆得不到幸福。

先明白生命意義之後，再來看待生活中的一切，將會帶出很不一樣的結局。當我們能夠把兩者合在一起，從「以己為中

心」變成「以神為中心」時，便能實在領會「天人合一」這四
個字的真義。

▶因主得榮耀而成為得冠者

「因主得榮耀」的層次，是指成聖之後的基督徒要藉由主
耶穌的再來得榮耀，並獲得盼望中的賞賜，成為得冠者，跟神
在新天新地裡同掌王權，達至真正「天人合一」的境界。這個
層次的提升關鍵在於，趁著主耶穌再來之前就要懂得與神同工
同行。

身為基督徒，總有一天我們會站在神面前，讓祂來查驗一
生。那時，神會問兩個聖經中已經預先告知的問題，第一個問
題的答案，決定你將來在哪裡度過永恆；第二個問題的答案，
則決定你在永恆裡做什麼。

第一個是關於得救（救恩）：

1. 你是否相信耶穌是永生神的兒子？

2. 你是否相信耶穌是道成肉身（神成為人），來到世上為
你的罪釘死在十字架上，藉著祂所流的血可以赦免你的罪，饒
恕你的一切過犯？

3. 你是否願意接受、信奉耶穌成為你生命的救主，人生的
主宰？

第二個是關於得勝（獎賞）：

1. 你將我給你的擁有物全用在自己身上？還是用在我所
托付給你的事工上？

2. 你的思念及行事為人是「以己為中心」？還是「以神為中心」？

3. 你是貪圖安逸，還是有在具體實踐大使命內容（詳見馬太 29:19）及範圍（詳見使徒 1:8）？

並非只要是基督徒就必然得勝。也就是說，身為基督徒的我們有可能得救，但沒有得勝，所以上天堂與得國度是兩回事。只上天堂而一無所有、無事可做（得救）是本乎恩也因著信，是出自神的作為；但得國度與神同掌王權（得賞）是要付代價的，是我們每一位基督徒的責任。

得勝的關鍵點在於，是否能在今世拒絕：(1) 肉體的情慾（享樂）、(2) 眼目的情慾（財富）、(3) 今生的驕傲（權能），若可，等到復活後在新天新地裡，就可以獲得與神同掌王權的能力。

耶穌是不受撒旦誘惑的正面例子，夏娃則是反例。除此之外，聖經中也有許多經文，鼓勵基督徒要從得救者進階到得勝者，有興趣的人可自行參考：林前 3:12-15、太 7:21-23、啟 22:15、約 3:3-5 等經文。

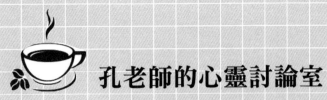

孔老師的心靈討論室

Q1：
你曾經感受到自己的有限和不足，需要上天（天父的慈愛、聖子耶穌的救恩和聖靈運行的能力）的幫助嗎？

Q2：
你覺得兩千多年前的耶穌跟自己有關嗎？你是否能夠體會到，耶穌為我們的罪上十字架所展現出來的那份愛？

Q3：
你希望從得救邁向得勝嗎？你渴望活出天人合一的生命嗎？你如何將真理落實在生活的各個層面上？

關鍵時刻，
發揮與眾不同的變商(XQ)，
成為變局中的贏家

1MB034 定價360元

贏在扭轉力

孔毅（Roger I. Kung）著

在快速變動的時代中，
你無法贏在起點，而是必須贏在拐點。

二十一世紀環境變化速度快得令人目不暇給，想在職場上出人頭地，不僅得有IQ、EQ，還得重視XQ（變商，面對未知的應變能力）——唯有兼具IQ、EQ、XQ，才能在職場上站穩腳跟、出類拔萃。

在關鍵時刻要反敗為勝、在快速變動時能扭轉逆境、解決困難，需要的就是本書揭櫫的「扭轉五力」——即眼力、魅力、動力、魄力、德力。期許本書能陪伴讀者在面對決定性時刻、或是需要扭轉的情境、或遇到不如意狀況時，在靜中決定自己的人生，然後有魄力去改變，有確定方向的眼力，有足夠的魅力在解決問題的過程中激勵自己和他人，也有足夠的動力取得最佳結果，而且能夠在做所有這一切時，都能因為德力而擁有內心深處的平安，使人生的每個關鍵時刻，都成為上行的臺階、活出與眾不同！

國家圖書館出版品預行編目資料

第一與唯一：跨國總裁的十六堂人生課 / 孔毅著. -- 初版. -- 臺北市：
　啟示出版：家庭傳媒城邦分公司發行, 2017.04
　面；　公分. -- (Talent系列；39)

　ISBN 978-986-93125-7-8(軟精裝)

　1.基督教 2.信仰 3.靈修

242.42　　　　　　　　　　　　　　　　106003939

Talent系列
第一與唯一：跨國總裁的十六堂人生課

作　　　者／孔毅（Roger I. Kung）
文 字 整 理／魏棻卿
企畫選書人／彭之琬
總 編 輯／彭之琬

版　　　權／黃淑敏、翁靜如
行 銷 業 務／王瑜、莊晏青
總 經 理／彭之琬
事業群總經理／黃淑貞
發 行 人／何飛鵬
法 律 顧 問／元禾國際商務法律事務所 王子文律師
出　　　版／啟示出版
　　　　　　台北市104民生東路二段141號9樓
　　　　　　電話：(02) 25007008　傳真：(02)25007759
　　　　　　E-mail:bwp.service@cite.com.tw
發　　　行／英屬蓋曼群島商家庭傳媒股份有限公司 城邦分公司
　　　　　　台北市中山區民生東路二段141號2樓
　　　　　　書虫客服服務專線：02-25007718；25007719
　　　　　　服務時間：週一至週五上午09:30-12:00；下午13:30-17:00
　　　　　　24小時傳真專線：02-25001990；25001991
　　　　　　劃撥帳號：19863813；戶名：書虫股份有限公司
　　　　　　戶名：英屬蓋曼群島商家庭傳媒股份有限公司城邦分公司
訂 購 服 務／書虫股份有限公司客服專線：（02）2500-7718；2500-7719
　　　　　　服務時間：週一至週五上午09:30-12:00；下午13:30-17:00
　　　　　　24時傳真專線：（02）2500-1990；2500-1991
　　　　　　劃撥帳號：19863813 戶名：書虫股份有限公司
　　　　　　讀者服務信箱：service@readingclub.com.tw
　　　　　　城邦讀書花園：www.cite.com.tw
香港發行所／城邦（香港）出版集團有限公司
　　　　　　香港灣仔駱克道193號東超商業中心1樓；E-mail：hkcite@biznetvigator.com
　　　　　　電話：(852) 25086231　傳真：(852) 25789337
馬新發行所／城邦（馬新）出版集團 Cite (M) Sdn. Bhd.
　　　　　　41, Jalan Radin Anum, Bandar Baru Sri Petaling, 57000 Kuala Lumpur, Malaysia.
　　　　　　Tel: (603) 90578822　Fax: (603) 90576622　Email: cite@cite.com.my

封 面 設 計／徐璽
排　　　版／極翔企業有限公司
印　　　刷／韋懋實業有限公司
經 銷 商／聯合發行股份有限公司、華宣出版有限公司

■2017年 4 月11日初版　　　　　　　　　　　　　　Printed in Taiwan
■2023年 12 月29日初版6.5刷

定價360元

城邦讀書花園
www.cite.com.tw

廣　告　回　函
北區郵政管理登記證
北臺字第000791號
郵資已付，免貼郵票

104　台北市民生東路二段141號2樓

英屬蓋曼群島商家庭傳媒股份有限公司城邦分公司　收

- -

請沿虛線對摺，謝謝！

書號： 1MB039　　書名：第一與唯一

讀者回函卡

感謝您購買我們出版的書籍！請費心填寫此回函卡，我們將不定期寄上城邦集團最新的出版訊息。

姓名：＿＿＿＿＿＿＿＿＿＿＿＿＿＿＿＿ 性別：□男　□女

生日：西元＿＿＿＿＿＿年＿＿＿＿＿月＿＿＿＿＿日

地址：＿＿＿＿＿＿＿＿＿＿＿＿＿＿＿＿＿＿＿＿

聯絡電話：＿＿＿＿＿＿＿＿＿ 傳真：＿＿＿＿＿＿＿＿

E-mail：

學歷：□ 1. 小學 □ 2. 國中 □ 3. 高中 □ 4. 大學 □ 5. 研究所以上

職業：□ 1. 學生 □ 2. 軍公教 □ 3. 服務 □ 4. 金融 □ 5. 製造 □ 6. 資訊

　　　□ 7. 傳播 □ 8. 自由業 □ 9. 農漁牧 □ 10. 家管 □ 11. 退休

　　　□ 12. 其他＿＿＿＿＿＿＿＿＿＿＿＿

您從何種方式得知本書消息？

　　　□ 1. 書店 □ 2. 網路 □ 3. 報紙 □ 4. 雜誌 □ 5. 廣播 □ 6. 電視

　　　□ 7. 親友推薦 □ 8. 其他＿＿＿＿＿＿＿＿＿＿＿

您通常以何種方式購書？

　　　□ 1. 書店 □ 2. 網路 □ 3. 傳真訂購 □ 4. 郵局劃撥 □ 5. 其他＿＿＿

您喜歡閱讀那些類別的書籍？

　　　□ 1. 財經商業 □ 2. 自然科學 □ 3. 歷史 □ 4. 法律 □ 5. 文學

　　　□ 6. 休閒旅遊 □ 7. 小說 □ 8. 人物傳記 □ 9. 生活、勵志 □ 10. 其他

對我們的建議：＿＿＿＿＿＿＿＿＿＿＿＿＿＿＿＿＿＿

＿＿＿＿＿＿＿＿＿＿＿＿＿＿＿＿＿＿＿＿＿＿＿＿

＿＿＿＿＿＿＿＿＿＿＿＿＿＿＿＿＿＿＿＿＿＿＿＿